NO CONFIM DA VIDA

Henderson Fürst

NO CONFIM DA VIDA

direito e bioética na compreensão da ortotanásia

apresentação **Márcio Fabri dos Anjos**
prefácio **Georges Abboud**
posfácio **Henrique Garbellini Carnio**

Copyright © 2018 by Editora Letramento
Copyright © 2018 by Henderson Fürst

Diretor Editorial | **Gustavo Abreu**
Diretor Administrativo | **Júnior Gaudereto**
Diretor Financeiro | **Cláudio Macedo**
Logística | **Vinícius Santiago**
Assistente Editorial | **Laura Brand**
Revisão | **Lorena Camilo**
Capa | **Luís Otávio**
Projeto Gráfico e Diagramação | **Gustavo Zeferino**

Conselho Editorial | **Alessandra Mara de Freitas Silva; Alexandre Morais da Rosa; Bruno Miragem; Carlos María Cárcova; Cássio Augusto de Barros Brant; Cristian Kiefer da Silva; Cristiane Dupret; Edson Nakata Jr; Georges Abboud; Henderson Fürst; Henrique Garbellini Carnio; Henrique Júdice Magalhães; Leonardo Isaac Yarochewsky; Lucas Moraes Martins; Luiz Fernando do Vale de Almeida Guilherme; Nuno Miguel Branco de Sá Viana Rebelo; Renata de Lima Rodrigues; Rubens Casara; Salah H. Khaled Jr; Willis Santiago Guerra Filho.**

Todos os direitos reservados.
Não é permitida a reprodução desta obra sem
aprovação do Grupo Editorial Letramento.

Dados Internacionais de Catalogação na Publicação (CIP) de acordo com ISBD

F991n	Fürst, Henderson
	No confim da vida: direito e bioética na compreensão da ortotanásia / Henderson Fürst. - Belo Horizonte : Letramento ; Casa do Direito, 2018. 184 p. ; 15,5cm x 22,5m.
	Inclui bibliografia. ISBN: 978-85-9530-185-6
	1. Direito. 2. Bioética. 3. Bem viver. 4. Morte. I. Título.
2019-40	CDD 340.78 CDU 347.121

Elaborado por Vagner Rodolfo da Silva - CRB-8/9410

Índice para catálogo sistemático:
1. Direito : Bioética 340.78
2. Direito : Bioética 347.121

Belo Horizonte - MG
Rua Magnólia, 1086
Bairro Caiçara
CEP 30770-020
Fone 31 3327-5771
contato@editoraletramento.com.br
grupoeditorialletramento.com
casadodireito.com

Casa do Direito é o selo jurídico do
Grupo Editorial Letramento

Aos meus pais

"[…] nos esse quase nanos, gigantium humeris incidentes, ut possimus plura eis et remotiora videre, non utique proprii visus acumine, autem inentia corporis, sedquia in altum subvenimur et extol limur magnitudine gigantea."

(Joannis Saresberiensis *Metalogicus*, liber III, cap. IV, 900C [Patrologia Latina, 199])

"[…] somos como anões, apoiado sobre os ombros de gigantes, para que possamos ver mais do que eles, e a distância ainda mais remota, não pela virtude ou condição de nossa parte, ou qualquer distinção física, mas porque somos carregados no alto pelo seu imenso tamanho".

AGRADECIMENTOS

A autoria de uma obra nunca é apenas a do autor que a assina. Por trás de cada página, há um conjunto de vozes e mãos que possibilitaram ao autor sentar e escrever. Esses agradecimentos são a todos os que contribuíram para isso.

Ao meu orientador, Prof. Dr. Márcio Fabri dos Anjos, pela inspiração como ser humano, professor e pesquisador; pelo tempo que dedicou à leitura e orientação da tese que deu origem a essa obra; pelas aulas e ensinamentos que pacientemente me dirigiu; pelo acolhimento nos tempos de aflição, angústia e dúvidas; pelo privilégio de estar entre seus orientandos.

Ao Centro Universitário São Camilo e à União Social Camiliana, por toda infraestrutura para a realização e pesquisa da tese. Em especial, agradeço pela confiança em mim depositada, aceitando-me no Programa de Pós-graduação em Bioética, e pelo fomento desta pesquisa com a bolsa que propiciou concluir esta etapa acadêmica – sou profundamente grato!

Aos Professores do Programa de Pós-graduação em Bioética por desbravarem os campos pouco explorados de nossa ciência, e pela dedicação em explicar e debater a complexidade da Bioética ao longo desta intensa experiência que é o doutorado.

À Prof.ª Dr.ª Vera Lúcia Zaher, por ensinar a questionar certezas e incertezas com sua visão crítica, metódica e interdisciplinar. Mais ainda, pelo ombro em tempos de choro e mão em tempos de fraqueza, sendo uma luz de humanidade em tempos tão escuros.

Ao Prof. Dr. Georges Abboud, o mais brilhante jurista de minha geração, por quem tenho profunda admiração, pela amizade, pelos conselhos, pela coorientação desta tese em seus aspectos jurídicos, e pelo apoio acadêmico e fraterno nos momentos mais difíceis que a vida propiciou nos últimos anos.

Ao Prof. Dr. Henrique Garbellini Carnio, cuja amplitude de mundo me ensina a pensar a vida e o Direito com novos elementos; por demonstrar como a alma humana está em constante sofrimento e apontar os caminhos por onde é possível apaixonar-se pelo devir.

Ao Prof. Dr. Edson Kiyoshi Nacata Jr., pelo privilégio de aprender com sua erudição e acuidade científica, cuja veteranidade unespiana tardou, mas não falhou.

À Daniela dos Santos, pela amizade, leitura, crítica e correção do texto desta tese, e em especial pelas pontes criadas entre Bioética e Literatura que dão vida e cor à leitura e compreensão deste texto.

À Prof. Dra. Layli Rosado, pela amizade e por demonstrar que há humanidade por detrás de uma tese, com humor, sarcasmo e arte.

À memória do professor William Hossne, que me encaminhou pela Bioética, tolerando minha meninice acadêmica e de vida.

Por fim, à minha família, por todo apoio e incentivo para trilhar a caminhada até aqui. E, por família, estou considerando também aqueles amigos que diariamente me acompanham nessa jornada.

O sentido da vida é que ela termina.

Franz Kafka, Um médico rural

APRESENTAÇÃO		15
PREFÁCIO		19
1.	INTRODUÇÃO	21
	1.1. PRESSUPOSTOS METODOLÓGICOS	26
	1.2. MÉTODO DE ABORDAGEM	28
	1.2.1. Método de abordagem jurídico	28
	1.2.2. Método de abordagem bioético	32
	1.3. MÉTODO DE APROXIMAÇÃO	34
2.	SOBRE A DISTINÇÃO ENTRE DIREITO, MORAL E ÉTICA	37
	2.1. O NASCIMENTO CONJUNTO DO DIREITO, RELIGIÃO, ÉTICA E MORAL	37
	2.2. A DISTINÇÃO ENTRE DIREITO, MORAL E ÉTICA	39
	2.3. O MITO DE ANTÍGONA E SEU PROBLEMA DE CONFUSÃO ENTRE DIREITO E ÉTICA	46
	2.4. A DISTINÇÃO ENTRE *THÉMIS* E *DIKÉ* E SUA COMPREENSÃO DO DIREITO	52
3.	A BIOÉTICA E SUA RELAÇÃO COM O DIREITO	55
	3.1. FORMULAÇÃO HISTÓRICA DA BIOÉTICA	55
	3.1.1. Fritz Jahr e a Alemanha pré-nazista	56
	3.1.2. V. R. Potter e os abusos científicos no século XX	59
	3.2. A FORMULAÇÃO DA BIOÉTICA COMO CIÊNCIA	61
	3.2.1. O pressuposto da transformação do conceito de verdade, método e ciência	61
	3.2.2. O método da Bioética	67

3.2.3.	O início da formulação do modelo principiológico – ou como se faz o caminho ao caminhar	70
3.3.	A RELAÇÃO DA BIOÉTICA COM O DIREITO	72
3.3.1.	Prolegômenos	72
3.3.2.	A Bioética como fonte do Direito	78
3.3.2.1.	Casos difíceis em Direito envolvendo a Bioética	79
3.3.2.2.	Princípios da Bioética como suporte normativo jurídico	82
3.4.	CRITÉRIOS PARA SE CONSIDERAR PRINCÍPIOS DA BIOÉTICA COMO SUPORTE NORMATIVO JURÍDICO	86
3.4.1.	Compatibilidade constitucional	87
3.4.2.	Vedação ao retrocesso de direitos fundamentais	88
3.4.3.	Historicidade	89
3.4.4.	Vedação à substituição de suportes normativos expressos	90
3.4.5.	Dever de fundamentação congruente	91
4.	**ENTRE OS MODELOS PRINCIPIOLÓGICOS NORTE-AMERICANO E LATINO-AMERICANO**	**95**
4.1.	A INFLUÊNCIA DO PRINCIPIALISMO NORTE-AMERICANO NO DIREITO BRASILEIRO	96
4.2.	A BUSCA PELO MODELO LATINO-AMERICANO	100
4.2.1.	Introdução	100
4.2.2.	Uma breve construção da realidade latino-americana – ou o porquê do realismo mágico	102
4.2.3.	A busca de modelos de Bioética latino-americana	111

4.2.4.		A vulnerabilidade como elemento definidor da Bioética latino-americana	119

5. ORTOTANÁSIA E AS INFLUÊNCIAS DA BIOÉTICA NA CONSTRUÇÃO DA COMPREENSÃO JURÍDICA — 123

5.1. ANTROPOLOGIA DA MORTE – COMO A MORTE PERDEU LUGAR NA SOCIEDADE DO SÉCULO XX — 125

5.1.1. A morte domesticada — 126

5.1.2. A morte de si próprio — 127

5.1.3. A morte distante e próxima — 129

5.1.4. A morte do outro — 130

5.1.5. A morte invertida — 130

5.2. A COMPLEXIDADE DA MORTE NO PERÍODO CONTEMPORÂNEO — 133

5.3. O LUGAR DA MORTE NA EUTANÁSIA, DISTANÁSIA E ORTOTANÁSIA — 139

5.4. ORTOTANÁSIA E SEU TRATAMENTO JURÍDICO NO BRASIL — 143

CONSIDERAÇÕES FINAIS — 153

REFERÊNCIAS — 159

EPÍLOGO: SOBRE NÃO MORRER DEMAIS – UM DEPOIMENTO PESSOAL ACERCA DA ORTOTANÁSIA — 171

POSFÁCIO: SOBERANA CRUELDADE — 177

APRESENTAÇÃO

O Bem Viver em sociedade é semelhante a uma mutante esfinge que nos desafia constantemente com seus enigmas e interrogações. Direito e Bioética, com suas identidades próprias, assumem o desafio de decifrar, interpretar e propor serviços essenciais para que o Bem Viver se realize. Na imemorial História da Humanidade, aprenderam a necessidade de buscar fundamentos e critérios para robustecer a consistência de suas afirmações e propostas. Aprenderam também a percepção de acertos e inadequações em seus sistemas de construção de respostas, mas, sobretudo, notaram a precariedade de sistemas construídos quando novas interrogações são trazidas pelo Viver. A esse ponto, mantidas suas especificidades, Bioética e Direito se veem como parceiras na busca de fundamentações.

Em uma comparação entre as variações históricas de sistemas e modelos com que se tem pensado e estabelecido a pretensão do Bem Viver, assalta-nos facilmente uma sensação de superioridade pelo desenvolvimento conseguido em nossos tempos, com relação ao passado. Mas, ironicamente, os fatos e prognósticos contradizem tal presunção, colocando a Humanidade diante da iminência de se perderem proximamente as condições mais elementares de vida no Planeta. A acomodação e arrogância podem ter altos preços, mas o reconhecimento dos limites abre possibilidade para a superação. Nesse sentido, os confrontos da guerra mundial em meados do século XX, potencializada por tecnologias altamente destrutivas, revelaram a insuficiência das propostas então vigentes da Ética e do Direito para garantir bases elementares ao Bem Viver. A Bioética moderna colheu uma dimensão de seus fundamentos e inspiração exatamente nos termos da Declaração Universal dos Direitos Humanos (1948) e do Código de Nürenberg (1949), e parece pertinente dizer que a própria constelação do Direito em seus ordenamentos jurídicos de modo geral tenha sido afetada diante da necessidade de transpor os muros das autonomias societárias, como o ilustra desde então as frequentes iniciativas para selar tratados e declarações conjuntas.

O foco do aprendizado a se colher nas análises dessa traumática experiência nos leva a ressaltar três importantes eixos que, semelhantes a uma engrenagem, em dinamismo interativo impulsionam e ao mesmo tempo desafiam o Bem Viver: o desenvolvimento científico e tecnológico, fascinante e promissor; as relações socioambientais, em que os seres humanos interagem dotados de poderes nunca vistos para interferirem inclusive na estrutura de si mesmos; e a consequente necessidade de sentidos e significados que marcam os rumos da Vida. A consciência sobre a alta interatividade dessas três dimensões se impõe, na medida em que toda assimetria entre elas pode ser nefasta. Esta percepção foi de certa forma sintetizada por Oppenheimer, chefe dos pesquisadores que realizaram a fissura nuclear. Ao saber que a pesquisa se direcionara para a construção e uso arrasador da população através de bomba atômica na guerra, ele enfatizou que ali "os físicos conheceram o pecado; e este é um conhecimento que não podem perder". Esta síntese emblemática ressalta o lado desastroso, mas deixa implícita, por outro lado, a necessidade de buscar e reconhecer sentidos capazes de garantir o uso favorável do crescente conhecimento científico para o Bem Viver. Relembra a figura da esfinge enigmática e ameaçadora a que Sófocles atribuiu o inexorável dilema "decifra-me ou te devoro". Os sinais do quanto essa figura é apropriada são hoje palpáveis como vimos.

A História mostra como são alternantes, ao longo dos tempos, as predominâncias de saberes, sistemas de relações e de sentidos como se a construção da vida fosse um grande jogo. A sede do saber se faz poder nas relações gerando desejos, fascínios, crises, desencanto, entre a fruição e a crueldade. É assim que se construíram grandes e pequenos sistemas societários, mais ou menos duráveis. Pensadores do passado e do presente têm analisado isso em detalhes. Os sistemas são prenhes de sentidos que os regem. Em nossos tempos, tem-se a impressão de que já não haja mais lugar para os sentidos, restando apenas um vazio sem fim. Mais coerente seria entender que a negação dos sentidos seja uma forma paradoxal de propor o não-sentido como o sentido de vida; ou talvez entender que se trate apenas da negação de sentidos universais, persistentes e transversais na pluralidade de possibilidades em que vivemos.

Henderson Fürst

NO (CON)FIM DA VIDA

Esses são alguns abreviados recortes do contexto em que a presente obra pode ser lida. Ao colocar Bioética e Direito diante da ortotanásia, se evoca uma das maiores interrogações sobre a crise de sentidos em nossos tempos. A razão moderna e pós-moderna tenta driblar a morte com pertinácias tecnológicas (distanásia); permite-se ignorá-la, acontecendo nos porões da sociedade (mistanásia); procura torná-la de algum modo suave (eutanásia). Essa atualizada ansiedade da razão explica em parte porque Sócrates via na morte a razão instigadora de toda a Filosofia da Vida. Aqui se pode observar que a densidade das interrogações existenciais demanda reflexão vigilante e constante na busca de sentidos em meio às mudanças nas formas técnicas e relacionais de construir o Bem viver, porque as formas de vida e de viver têm evoluções e revoluções, a mente humana se vê diante da árdua tarefa de interpretar seus fatores e a responsabilidade de direcionar suas práticas, o que Tomás de Aquino, na Idade Média, chamou de missão do humano em ser "providência de si mesmo".

O reconhecimento dessa função interferente do ser humano se tornou fermento de uma exaltação de sua inteligência, levando-o ao fascinante sonho de poder determinar todos os processos da vida. De um lado, cresceu a consciência de que pertence à natureza humana poder ir além de disposições encontradas nos processos da vida em geral; e assim, a Ética e o Direito se defrontaram com a necessidade de rever o jusnaturalismo, ou o lugar da Lei Natural em suas fundamentações. Por outro lado, a finitude humana é patente em nossos processos biológicos e, de modo global, na precariedade do pequeno planeta em que habitamos. A própria busca por ir além de nossos limites é uma comprovação de que está ali muito presente. A morte é o limiar da finitude que no fundo se sonha superar. Seriam as ciências tecnológicas capazes de realizar tal superação? Ou delegar tal solução aos instrumentos seria, como ponderou Stephen Hawking, a "morte do humano" com a plena delegação de suas capacidades ao resultado de seus inventos. Em outros termos, no afã de superar a morte, ela estaria paradoxalmente sendo decretada. Lidar com as limitações humanas, portanto, parece requerer sabedoria, e não simplesmente ciência.

A presente obra de Henderson Fürst é uma inteligente e preciosa contribuição a encaminhamentos adequados diante das questões existenciais que se avolumam em nossos tempos. Ao aproximar Bioética e Direito por referência à ortotanásia, está se perguntando de modo geral sobre possíveis contribuições da Bioética para se chegar a ordenamentos jurídicos em áreas onde a tradição e a jurisprudência ainda não se consolidaram. A ortotanásia foi escolhida exatamente por ser uma experiência humana de intensa densidade existencial cujo sentido os tempos tecnológicos vieram colocar em novas condições de interferência do poder humano. Emblemática para outras várias situações similares, o presente estudo se torna fecundo para o conjunto das demandas por ordenamentos jurídicos em áreas existenciais. Entretanto, mais do que uma resposta para ordenamentos requeridos pelas práticas, esta obra é convite a uma viagem de sabedoria em busca de fundamentações consistentes. Só respostas sábias são capazes de livrar de fundamentalismos ancorados ou não em conquistas científicas. As perguntas da enigmática esfinge não se satisfazem com soluções mecânicas, pois interrogam o íntimo da Humanidade. As respostas sustentáveis serão os bons frutos a serem colhidos nesse percurso que aqui não se esgota. Ao ler esta obra se encontra um excelente incentivo para aprofundar a fundamentação do Direito nos tempos empolgantes e desafiadores em que vivemos.

MÁRCIO FABRI DOS ANJOS

Doutor em Teologia pela Pontifícia Universidade Gregoriana, Roma, Itália. Licenciado em Filosofia, coordenador do programa de doutorado e mestrado em Bioética, do Centro Universitário São Camilo. Membro da Câmara técnica de Bioética do Conselho Regional de Medicina do Estado de São Paulo (CREMESP). Editor-assistente da revista *Redbioetica Unesco*.

PREFÁCIO

É com imensa satisfação que apresento o livro *No confim da vida: a contribuição da bioética na compreensão jurídica da ortotanásia*. Trata-se da versão comercial da tese de doutoramento do talentosíssimo editor, jurista e pesquisador, Henderson Fürst. Sou testemunha da sua trajetória acadêmica, tendo participado da banca de seu trabalho de conclusão de curso na graduação da UNESP, e, a partir desse momento, passei a acompanhar toda sua crescente e bem-sucedida vida profissional.

O jovem autor escreve sobre um dos temas mais instigantes da contemporaneidade: como a bioética e o direito enfrentam a morte e seus dilemas éticos. Além disso, o livro tem uma notável escrita fluida e está embasado em sólida pesquisa doutrinária internacional.

O livro se divide em cinco capítulos: o primeiro é metodológico em que é explicado como se fazer pesquisa na intersecção entre bioética e direito; o segundo capítulo realiza distinção entre direito, moral e ética de forma sistemática; o terceiro é dedicado ao exame de como se pode dar a relação entre bioética e direito de forma sadia, preservando a autonomia de ambos e apresentando mecanismos para troca de informações entre eles; o quarto capítulo faz comparação com os modelos internacionais de estruturação da bioética para fornecer subsídios de que modelo bioético devemos construir no Brasil; o quinto capítulo é o conclusivo, em que o autor lança suas assertivas a respeito de como deve o mundo do direito examinar a questão da ortotanásia.

Nessa perspectiva, a Editora Casa do Livro Jurídico presta enorme serviço à comunidade de leitores ao possibilitar o acesso de obra tão valiosa, seja para quem trafega no mundo jurídico seja no mundo da bioética.

Na realidade, a obra deve ser vista como um marco do estudo da bioética no direito e vice-versa. Em função de sua riqueza e metodologia, ela é a melhor introdução que o leitor pode buscar, no Brasil, para se familiarizar com a bioética.

Em uma perspectiva sub-reptícia, o livro nos ajuda a compreender o próprio *nascimento da morte* para o direito; afinal, compreender a ortotanásia talvez nós ajude a resgatar uma dimensão do humanismo na dimensão dada por Peter Sloterdijk.[1] Humanismo como uma comunidade de leitores formada para o enfrentamento da barbárie em prol do processo civilizatório.

Assim, é impossível falar do livro sem falarmos de seu autor. Henderson, além de todo o talento que possui profissional e academicamente, é uma força da natureza, trata-se de ser-humano iluminado, cuja convivência nos obriga a entender como todos podemos melhorar nossa postura perante a vida. Na bela metáfora de Dworkin, Henderson nos ensina como transformarmos nossas vidas em pequenos diamantes nas areias cósmicas do universo.[2]

Portanto, convidamos todos a lerem o livro de Henderson para, juntos, entendermos a importância de algo que nos une enquanto seres humanos, isto é: somente se aprende a valorizar e a ter uma postura de respeito perante à vida se valorizarmos e respeitarmos a própria morte.

De Higienópolis para Pompéia com a mais fraterna amizade, São Paulo, 15 de novembro de 2017.

GEORGES ABBOUD

Mestre e Doutor em Direitos Difusos e Coletivos pela Pontifícia Universidade Católica de São Paulo. Professor de Processo Civil da Pontifícia Universidade Católica de São Paulo, e do programa de mestrado do Instituto Brasiliense de Direito Público. Advogado sócio no escritório "Nery Advogados".

---

1 Cf.: SLOTERDIJK, Peter. *Regras para o parque humano*. 3. ed. São Paulo: Estação Liberdade, 2000.

2 DWORKIN, Ronald. *Justiça para ouriços*. Lisboa: Almedina, 2011. p. 430.

1.

INTRODUÇÃO

A Bioética tem existido enquanto uma nova ciência[3] desde os anos 1970, com sua formulação então feita por V. R. Potter (1971). Sua natureza interdisciplinar tem avocado, desde então, contribuições das mais diversas áreas do conhecimento, pois a complexidade dos problemas decorrentes das invocações técnicas nas ciências da vida exige metodologias e conhecimentos plurais para melhor compreender o fenômeno bioético e suas consequências (BYK, 2015, p. 49).

O Direito, nesse sentido, tem apresentado diversas contribuições, especialmente quanto aos limites jurídicos permitido aos envolvidos em cada caso estudado, ou, ainda, quanto ao estatuto jurídico aplicado a cada situação (BYK, 2015, p. 235).

Depois de quase cinco décadas contribuindo com a formação da Bioética, consolida-se uma nova área do Direito chamada de "Biodireito", dedicada a analisar as questões jurídicas apresentadas pela Bioética.

Essa nova área é marcada pela casuística, ou seja, são os casos apresentados que orientam o desenvolvimento da compreensão do Biodireito – exemplo disso, no Brasil, são as decisões do STF acerca de células tronco e de aborto de fetos anencefálicos. Como não há uma unificação teórica das bases comuns utilizadas nos temas apresentados

---

3   Não se ignora a proposta feita por Fritz Jahr em seu editorial de 1927, quando, pela primeira vez, até onde se tem notícias, o neologismo foi utilizado. Contudo, naquela oportunidade, o fenômeno ficou recluso a isso: uma formulação de uma nova ideia, um novo conceito que, repleto de significante, não deu significado a uma nova ciência, especialmente pelo contexto político que se encontrava.

pela casuística, não há, tampouco, uma base mínima consolidada da epistemologia, o que fica claro pela divergência de seus pesquisadores quanto a diversas questões, incluindo os princípios que norteiam a *interpretação*, a *aplicação* e a *fundamentação jurídicas*.

São importantes essas questões (interpretação, aplicação e fundamentação jurídicas), uma vez que Jan Schapp (1985) já afirmava que os problemas da metodologia jurídica giram em torno da resposta a três questões: (a) como se interpreta; (b) como se aplica; e (c) como se fundamenta o Direito.

Na ausência de metodologia própria, os problemas analisados pelo Biodireito apresentam-se pela inexistência de normas jurídicas claras aplicáveis a cada situação. Tal situação implica tanto relativismos quanto insegurança. Veja-se, por exemplo, que, na tentativa de estabelecer maior segurança jurídica na questão da ortotanásia, o Conselho Federal de Medicina tentou regulamentar a situação por meio da Resolução 1.805/2006. Naquela ocasião, o Ministério Público Federal (instituição interessada por ser detentora da ação penal pública) ajuizou ação civil pública contra o CFM para suspender os efeitos dessa resolução.[4]

Também no âmbito da jurisprudência, a situação de incerteza não é diferente. A título de exemplo, antes de o Supremo Tribunal Federal julgar a Arguição de Descumprimento de Preceito Fundamental 54, em 2012, que discutia a possibilidade de realização de aborto de feto anencefálico no Brasil, o Tribunal de Justiça de São Paulo proferiu duas decisões contraditórias em menos de 20 dias, em fevereiro de 2011,[5] uma autorizando o aborto e outra negando.

A incerteza do texto normativo e de sua aplicação jurisprudencial demonstram a ausência de metodologia própria para questões jurídicas envolvendo o suporte fático bioético. No entanto, de onde saem as fundamentações para criar norma aplicável ao suporte fático bioético pela jurisprudência? Como o ordenamento jurídico responde quando não há respostas?

---

4   Basicamente, alegava o MPF que não poderia o CFM estabelecer normas éticas acerca de fato considerado crime (no linguajar jurídico, um fato penalmente tipificado como crime). A sentença em primeiro grau compreendeu corretamente que a conduta estabelecida como ortotanásia e regulamentada pelo CFM não era a mesma tipificada como crime no art. 121 do Código Penal. Cf. Sentença no Proc. 2007.34.00.014809-3, TRF-1.ª Região. Disponível em: <http://s.conjur.com.br/dl/sentenca-resolucao-cfm-180596.pdf>.

5   *TJSP recua e proíbe aborto de feto anencefálico.* Disponível em: <http://www.estadao.com.br/noticias/geral,tj-sp-recua-e-proibe-aborto-de-anencefalo,683113>.

NO (CON)FIM DA VIDA

Houve um mito romântico no Direito de que o ordenamento jurídico apresenta uma completude: não pode ficar sem dar respostas, seja porque há um texto normativo aplicável por subsunção, seja porque há alguma instrução de como colmatar lacunas. Com efeito, é com o surgimento do movimento de codificações no século XIX (Código Civil napoleônico de 1804 e o Código Civil alemão de 1900) que se formula o mito da completude do ordenamento, no qual se acreditava que toda a vida estaria prevista pelo Direito no código, em especial pela Escola da Exegese, que decorreu do movimento político do Código Civil napoleônico, com a vedação de interpretação. Para todos os casos possíveis, o Direito apresenta uma norma.

Essa demanda de completude é moderna. No Direito antigo, a atividade jurídica era realizada caso a caso, sem uma generalização dos resultados, ou seja, não se tentava codificar a vida, e se descobria o Direito conforme os casos surgiam (MASCARO, 2015, p. 149) – daí a importância de uma razão de justiça prática.

Com a modernidade, especialmente com o aumento da complexidade do capitalismo, com o monopólio da violência pelo Estado e com a necessidade de previsibilidade das relações sociais e econômicas, demanda-se a criação de um Direito previsível, escrito, contemplando os fatos da vida social, privada ou pública.

Naturalmente, percebe-se a impossibilidade de codificar a vida e todas as suas relações. Contudo, embora seja impossível atender o dogma da completude do código, ainda pertence ao Direito atribuído pelo Estado a prerrogativa de julgar tudo quando provocado (MASCARO, 2015, p. 150). Surgem, portanto, as teorias da completude, indicando que, apesar de o ordenamento não ser completo, a completude era presumida no Direito, pois apresentaria outras formas de resolver o problema dentro da racionalidade do ordenamento.

Em torno da forma como se manifesta a racionalidade de completude do ordenamento se desenvolverão duas tendências teóricas. De um lado, a Escola Livre do Direito, com expressividade em Eugen Erlich, estabelecia a livre-investigação jurídica, pois o Direito não deve ser observado apenas nas leis, mas nas próprias necessidades sociais. Do outro, as demais escolas jurídicas se desenvolveram no sentido técnico de criar mecanismos de colmatação do ordenamento jurídico, pois o sistema de preenchimento da lacuna precisaria também ser previsível e conhecido tanto quanto o próprio ordenamento.

Esse é o plano de fundo em que nos deparamos com a judicialização dos problemas bioéticos. Embora nem sempre o suporte fático bioético devesse ser apreciado pelo Direito[6] como um litígio judicial, não pode deixar de ser regulado por este, seja pela legislação, seja pela jurisprudência. É no contexto do desenvolvimento científico da Bioética e sua crescente interação com o Direito, bem como na expectativa de respostas diante de casos complexos e, ocasionalmente, sequer imaginados, que se insere a pesquisa atual, afinal, como a Bioética contribui(u) com o Biodireito enquanto metodologia de resolução de uma questão?

É possível que alguns fundamentos da Bioética sejam aplicados como fonte de mecanismos de colmatação das lacunas do ordenamento jurídico, e é essa a hipótese que verificamos e confirmamos na análise de como se fundamentam decisões em ortotanásia. Ainda na verificação dessa hipótese, será possível aferir quais modelos de fundamentação teórica da Bioética são utilizados como parâmetros de complementação do suporte normativo jurídico.

Para essa análise, foi necessário ultrapassar a metodologia ainda baseada nas concepções tradicionais de pesquisa filiadas ao esquema sujeito-objeto ou nos métodos dedutivo e indutivo. Nesse contexto, por intermédio do "método" fenomenológico-hermenêutico formulado por Heidegger (2012), não temos a linguagem analisada em um sistema fechado de referências, apenas como interpretativa, mas, sim, no plano da historicidade. Sua inserção no pensamento jurídico é absolutamente relevante pelo fato de a dogmática esconder o processo de interpretação. Se o Direito apenas é compreensível graças a linguagem, é pela compreensão dela que se estabelecem os discursos jurídicos (STRECK, 2017, p. 135).

A compreensão, novamente, não se trata de mera interpretação linguística, mas sim de um desvelamento do sentido, revolvendo a linguagem para encontrar o sentido, a historicidade do fenômeno e, então, construir o horizonte de sentidos. Sabemos que o homem (Ser-aí) compreende a si mesmo e compreende o ser (círculo hermenêutico) na medida em que pergunta pelos entes em seu ser (diferença ontológica). A metafísica ontoteológica pensa o ser e se detém no ente; ao equiparar o ser ao ente, entifica o ser por meio de um pensamento objetificador (STEIN, 2008).

---

6   Veja-se o caso da mãe que processou o filho para obrigá-lo a fazer tratamento que pode evitar morte por complicações de sua doença crônica nos rins: <http://saude.estadao.com.br/noticias/geral,mae-luta-na-justica-para-obrigar-filho-a-fazer-tratamento-que-evita-sua-morte,70001667333>.

NO (CON)FIM DA VIDA

Nesse sentido também se aplica o método hermenêutico, como forma de não esquecer a diferença entre ser e ente, alocado em seu horizonte de sentidos. O método hermenêutico foi utilizado como método de aproximação.

O problema analisado é complexo porque possui dois focos: o do Direito e o da Bioética, pois se busca compreender a manifestação da Bioética no Direito. A existência de dois focos demanda a análise dos dois fenômenos, a manifestação do Direito e a manifestação da Bioética dentro do Direito. Para tanto, cada foco possuirá seu método de procedimento. Quanto ao Direito, o método de procedimento será o do pós-positivismo, especialmente aquele formulado por Friedrich Müller e difundido no Brasil por Lenio Streck, Nelson Nery Jr. e Georges Abboud. Quanto à Bioética, o método de procedimento foi o modelo latino-americano de formulação da Bioética, que se pauta pela busca de uma identidade regional para melhor responder questões que, embora usuais nos países latino-americanos, são mais raras na Europa e nos Estados Unidos, razão pela qual os modelos formulados nesses países possam sequer compreender com profundidade os problemas bioéticos decorrentes da vulnerabilidade e desigualdade.

A importância da presente análise encontra-se no fato de que cada vez mais os temas da Bioética têm sido apreciados pelos tribunais brasileiros, chegando até o STF, que promove novas formas de interpretar – muitas vezes tomando o lugar do próprio Congresso. As situações são sempre limítrofes, inéditas e ainda não consolidadas axiológica e juridicamente – tanto o é que, ao analisar uma decisão do Superior Tribunal de Justiça sobre a recusa de uma criança em receber transfusão de sangue por motivos religiosos, o filósofo Hélio Schwartsman escreveu que "a Bioética é a mais depressiva das especialidades filosóficas. Seus manuais são uma coleção de situações médicas trágicas que geram dilemas sem solução feliz."

Se inicialmente o desenvolvimento doutrinário da Bioética ocorreu na discussão dos seus paradigmas, com diversas vertentes entre principialismos e casuísticas, é preciso agora discutir a aplicação da interpretação de tais paradigmas pelo Direito – quaisquer que sejam eles –, uma vez que os temas analisados pela Bioética têm sido cada vez mais apresentados aos tribunais para que eles se manifestem.

Com efeito, a complexidade dos temas acometidos à Bioética e a repercussão social deles demandarão, cada vez mais, que as respostas e as decisões sejam submetidas ao questionamento jurídico como forma de pacificação social e segurança jurídica.

Assim, substancialmente, o questionamento da influência da Bioética na compreensão jurídica está intrinsecamente ligado ao desenvolvimento do Biodireito, à humanização do Direito e às realizações de direitos fundamentais em situações extremas e pouco conhecidas.

Com isso, o *objeto geral* desta obra é a análise do lugar das teorias bioéticas como contribuição para a interpretação jurídica da ortotanásia, demonstrando em situações jurídicas a contribuição decisiva da Bioética, oferecendo modelos que se consolidam em normas. Como *objetivos específicos*, demonstrar a contribuição positiva em curso dos modelos bioéticos de argumentação à interpretação e à fundamentação jurídica em casos de ortotanásia e descrever os mecanismos pelos quais os modelos de argumentação Bioética podem se tornar parte do suporte normativo jurídico.

A *hipótese* verificada foi a de que o Direito se vale dos modelos de argumentação da Bioética na interpretação e na fundamentação jurídica de situações bioéticas em ortotanásia, e há potencialidade de contribuição da Bioética ao Direito como colmatação do suporte normativo jurídico por força de seu uso na interpretação e no fundamento de decisões em situações bioéticas.

1.1. PRESSUPOSTOS METODOLÓGICOS

Se consideramos que a Bioética, em seu estágio de formulação atual, é um saber, ela transporta um método próprio para estabelecimento do conteúdo que se pode considerar científico. Essa visão, naturalmente, carrega a perspectiva cartesiana, em que a ciência traz consigo seu método, e é inclusive marcado por ele.

No entanto, quando se está diante de uma ciência plural, inter/trans/multidisciplinar, o método científico possui a peculiaridade de carregar a pluralidade das ciências que o compõe. Compreender essa característica é crucial para discutir qual método se utiliza na composição do conhecimento bioético científico – e aqui propõe-se uma distinção entre conhecimento bioético científico e o popular, pois é possível reconhecer um saber bioético baseado numa cultura acerca de um fato da vida.

Historicamente, o conhecimento bioético científico foi formulado dentro de institutos de ciências biomédicas por pesquisadores ligados às ciências da saúde. Apenas tardiamente a Bioética passou a ser integrada por pesquisadores de ciências humanas e sociais aplicadas. Esse fato resultou numa proliferação de pesquisas empíricas em Bioética, especialmente após uma grande guinada nesse sentido durante os anos

1980 (SUGARMAN, FADEN, WEINSTEIN, 2001), implicando profundo desenvolvimento do aspecto metodológico no conhecimento bioético científico (FRITH, 2010), que pode ter sido justificado por três fatores: (1) o crescimento da medicina baseado em evidências e sua influência nos pesquisadores que advêm da área da saúde, estabelecendo que os argumentos (bio)éticos necessitariam ser embasados em dados empíricos da melhor evidência científica; (2) o crescimento da ética clínica, que avocou para si muitas pesquisas de revisão bibliográfica e argumentativa, das quais antes, a Bioética se ocupava; (3) por fim, o crescimento da insatisfação das respostas bioéticas, que segue o mesmo exemplo da crítica às ciências sociais (BORRY, SCHOTSMANS, DIERICKX, 2005).

Embora seja natural que os conflitos de compreensão metodológica entre as ciências também tenham reflexos na compreensão da Bioética, não se pode deixar que restrições de compreensão recíproca diminuam as possibilidades de avanço na pesquisa Bioética. Essa crítica foi formulada no editorial de um volume da *Cambridge Quarterly of Healthcare Ethics* dedicado a estudos kantianos e habermasianos em Bioética; seu editor apontava, naquela ocasião, que a guinada a estudos empíricos na Bioética deixava um vasto e importante campo de questionamento teórico-crítico sem explorar, o que, inclusive, teria repercussões práticas (ÁRNASON, 2012). É nesse aspecto que é preciso compreender a contribuição das ciências humanas e sociais aplicadas. Se seu método não resulta num número, num gráfico, ou numa descrição baseada em evidências, essa forma de compreensão não implica um resultado menos científico.

Com efeito, a inovação em ciências humanas e/ou sociais aplicadas implica a melhor compreensão dos modelos que descrevem o fenômeno bioético, a partir dos quais se dão as pesquisas empíricas. Ou seja, a pesquisa empírica tem por plano o resultado *a posteriori*, pois analisa um fenômeno previamente categorizado em um modelo estabelecido pela compreensão *a priori* de uma pesquisa científica.

Veja-se o caso de uma pesquisa que queira analisar a compreensão que os pacientes portadores de uma determinada doença que estejam internados em um determinado hospital possuem de sua autonomia. O modelo de compreensão em que se dá voz ao paciente para compreender sua percepção e a relevância da autonomia enquanto manifestação do fenômeno bioético são dados pela formulação apriorística de compreensão da Bioética atribuída por uma pesquisa de cunho hermenêutico. Caso essa pesquisa se volte à vulnerabilidade, também esse elemento foi aprioristicamente estabelecido como uma faceta do fenômeno bioético.

O estudo hermenêutico da Bioética, portanto, estabelece o mapa de compreensão do fenômeno da Bioética, sobre o qual os estudos empíricos estabelecerão a escala métrica. A opção de exaltar estudos empíricos em Bioética implica a construção desordenada de blocos de conhecimento sem saber exatamente se estão alinhados. Nesse sentido é que se direcionou a presente pesquisa.

1.2. MÉTODO DE ABORDAGEM

Como o objeto de pesquisa analisado é complexo, envolvendo precisamente a interação entre duas ciências (Direito e Bioética), será necessário utilizar-se de dois métodos de aproximação, relativos a cada ciência. No que diz respeito ao Direito, iremos nos valer do pós-positivismo e, quanto à Bioética, ao modelo crítico latino-americano de Bioética. A seguir, detalharemos um pouco melhor.

1.2.1. Método de abordagem jurídico

Há basicamente duas formas de se aproximar das questões jurídicas. A primeira delas seria considerando o Direito como objeto zetético, isso é, um fenômeno cultural e social que influencia e é influenciado, que possui diversas manifestações no espaço e no tempo, um complexo axiológico-normativo autônomo enraizado num contexto sociopolítico-histórico. O termo *zetético*, aqui, é empregado por derivação do verbo grego *zetein*, perquirir, questionar, indicando que nessa forma de abordagem o Direito é investigado com premissas que não são postas, antes, são questionadas ao esgotamento para que melhor possa compreender a natureza do fenômeno e suas consequências. Assim, pesquisas que envolvam a filosofia, a sociologia, a antropologia, a economia e a história do Direito, entre outras ciências, possuem caráter zetético, uma vez que se questiona as premissas do conhecimento jurídico em busca de aproximação da *verdade* no conhecimento jurídico (FERRAZ JR., 2003).

A segunda forma de compreender o fenômeno jurídico é a dogmática, ou seja, analisando o Direito por meio de seus dados postos (dogmáticos), informados por um sistema normativo estruturado a partir de fontes e com regras de conexão, interpretação e aplicação próprias (FERRAZ JR., 2003). Nessa modalidade de compreensão do Direito, não se questionam as premissas do conhecimento, antes, há um ponto de partida claro: o texto normativo jurídico e sua técnica de aplicação ao suporte fático. A abordagem do Direito é *interna*, compreendendo suas estruturas de funcionamento a fim de estabelecer uma técnica – a ciência jurídica, com efeito, possui um forte aspecto técnico de aplicação dos conceitos dogmáticos influenciados pela zetética.

Para a presente pesquisa, não se podem ignorar as contribuições da abordagem zetética do Direito, uma vez que constitui elemento de verificação do grau de veracidade do conhecimento por meio do questionamento das premissas jurídicas. Nesse sentido, valemo-nos da Crítica Hermenêutica do Direito, que aproxima o diálogo entre Direito e Filosofia buscando reconhecer a importância das transformações filosóficas para uma adequada e crítica concepção do fenômeno jurídico, mas, ao mesmo tempo, revela os equívocos existentes em propostas que meramente buscam se apropriar dos elementos da Filosofia sem uma adequada contextualização às particularidades do sistema jurídico (TASSINARI, 2014).

Três são os principais aspectos que se busca pela Crítica Hermenêutica do Direito, pautada especialmente em Lenio Streck (2013; 2014a; 2014b):

a. *O compreender interpretativo*: a Crítica Hermenêutica do Direito propõe a utilização do método hermenêutico-fenomenológico, de matriz heideggeriana (STEIN, 1983), possibilitando compreender o fenômeno jurídico além da dimensão interpretativa do Direito. Nesse sentido, a desmistificação de conceitos jurídicos com enunciados de conteúdos determinados *a priori* é um dos primeiros elementos de diferenciação da compreensão interpretativa, atingindo até a diferença entre texto e norma – ponto crucial para o aspecto de abordagem dogmática do Direito que utilizaremos;

b. *A noção de integridade do Direito*: tomado de Ronald Dworkin, a integridade do Direito traduz-se na ideia de Direito considerado como um todo (que se volta ao tratamento equânime e igualitário na busca da melhor justificativa para as práticas jurídicas). Ronald Dworkin afirma que uma decisão tomada baseada na integridade do Direito considera princípios de justiça, equanimidade e devido processo, sendo a melhor interpretação à luz da prática da comunidade (DWORKIN, 1986).

c. *A teoria da decisão judicial*: dois elementos constituem o terceiro tripé da Crítica Hermenêutica do Direito, e se ligam diretamente à formulação dogmática de nosso método de aproximação: a decisão fundamentada e constitucionalmente adequada. Aqui ganhará espaço a teoria dos princípios como elemento de fechamento interpretativo das questões jurídicas, restringindo a discricionariedade interpretativa do Direito. Se o elemento anterior era o de integridade do Direito, esse é o de coerência.

Quanto ao aspecto dogmático, o método de abordagem utilizado foi o pós-positivismo, desenvolvido, especialmente, a partir da teoria estruturante do Direito, de Friedrich Müller. As posturas teóricas pós-positivistas deram importante contribuição ao desenvolvimento jurídico no pós-Segunda Guerra Mundial, incutindo elemento antropológico no momento da decisão, que passa a ser o ponto primordial do Direito. Parte dessa ênfase no ato decisório se deve ao desenvolvimento da hermenêutica no século XX, que pode ser chamado como "a era da hermenêutica" (STEIN, 1970), quando a hermenêutica deixa de ser mera disciplina auxiliar das ciências do espírito (Schleiermacher) para condição de reflexão do ato interpretativo e decisório, introduzindo o elemento antropológico na práxis (Heidegger).

O Direito, nessa abordagem, é um fenômeno jurídico analisado a partir da perspectiva da concretização, sendo um "conceito interpretativo". No aspecto teórico, isso representa uma postura do Direito perante a política de enfrentamento de movimentos totalitaristas e de retrocessos de garantias e de direitos fundamentais – como os que ocorreram nas duas grandes guerras do século XX. No aspecto prático, o deslocamento do questionamento à decisão judicial permitiu avanços no ato interpretativo, fugindo tanto do mito e de euforia da codificação (ou seja, a crença de que os Códigos por si só representariam o Direito e dariam conta de responder a todos os problemas), quanto dos relativismos que buscam alguma forma de atingir a justiça, como a Escola Livre do Direito ou a Jurisprudência dos Valores.

Nesse sentido, valendo-se dos avanços hermenêuticos, o pós-positivismo confere significativas mudanças nos conceitos jurídicos mais basilares, fornecendo um novo paradigma de compreensão do fenômeno jurídico dogmático, desde o conceito de norma até a técnica interpretativa, com a superação da subsunção e a eliminação da busca da "vontade" da lei ou do legislador.

Esse paradigma foi inicialmente formulado por Friedrich Müller em 1971, que não apenas apresentou o termo *pós-positivismo* como a *metódica estruturante do Direito* na primeira edição de seu *Juristische Methodik* (MÜLLER, 2013). O prefixo "pós" que é utilizado nesse neologismo não indica que esse modelo teórico se contrapõe ao positivismo, mas sim o supera, reconhecendo suas deficiências perante os problemas conhecidos do Direito e adequando-se com os avanços da hermenêutica.

O positivismo que temos em vista quando mencionamos a superação pelo pós-positivismo é aquele normativo *kelseniano*, em que a norma precede ao caso e o silogismo é a forma de aplicação do Direito ao caso. Na metódica estruturante proposta pelo pós-positivismo de Friedrich Müller, por sua vez, a norma não existe antes do caso, pois o texto normativo não se confunde com a norma. Ou seja, a norma jurídica é constituída mediante a aplicação do texto normativo ao caso concreto. Não existe norma, portanto, sem uma questão fática a qual o texto normativo esteja aplicado.

Dessa forma, o *texto da lei*, que antes era chamado de *norma*, passa a ser tido como *texto normativo*. Junto a ele, outras formas textuais normativas se juntam, tal como súmulas, súmulas vinculantes, precedentes, decisões de outros casos, e constituem o programa normativo do qual se extrai a norma ao caso concreto. Com isso, pela primeira vez uma metodologia jurídica inclui o aspecto fático apresentando um critério de assertividade e repetição, sem cair em relativismos ou casuísmos. Supera-se o mito da codificação, em que se acreditava que o código continha o Direito em si, prontamente disponível para ser aplicado mediante silogismo (MÜLLER, 2013), e passa a compreender que a norma é muito mais que o texto normativo, pois este possui apenas virtualmente o Direito, sendo mero ponto de partida do trabalho jurídico prático (ABBOUD, 2014).

É importante acrescentar ainda dois conceitos derivados do giro hermenêutico-ontológico que é efetuado a partir do estudo linguístico de Heidegger (STEIN, 2000): o programa normativo e o âmbito normativo. Esses dois parâmetros constituem fundamental critério de compreensão e aplicação do texto normativo, pois somente a partir deles se torna compreensível e viável a formulação da norma.

Imaginemos como exemplo uma placa que contenha o texto normativo "É proibido usar trajes de banho" – que, aliás, poderia estar expresso por uma frase ou por uma imagem. O conteúdo normativo que se extrai de tal frase apenas é possível ser estabelecido a partir de seu programa normativo e seu âmbito normativo. Quanto ao programa normativo, a pergunta que se faz é: há outras fontes normativas que incidam no mesmo suporte fático? Algum precedente criado pela tolerância ao comportamento de outro banhista que se vestiu de modo diferente daquele que se esperava? Quanto ao âmbito normativo, a pergunta seria: a qual contexto fático se está estabelecendo essa norma? Isso porque, se for numa praia de nudismo, espera-se que a proibição seja de usar qualquer roupa, enquanto, se for num estabelecimento comercial, a proibição é para que se use outra roupa sobre os trajes de banho.

Veja-se, portanto, que o âmbito da norma e o programa da norma possuem estreita conexão para compreender o texto normativo. Esse não é por si só autointerpretável. Para a teoria estruturante do Direito, portanto, não há raciocínio jurídico criado desassociado da realidade (OLIVEIRA, 2008), de modo que o mesmo texto normativo pode ter múltiplas normas que se tornam outros textos normativos a partir de suas interpretações e compreensões durante o processo histórico de sua aplicação (ABBOUD, 2014, p. 70).

1.2.2. Método de abordagem bioético

Embora o neologismo *Bioética*, até onde sabemos, tenha sido primeiramente utilizado em 1927 (Jahr) e constituído como uma nova ciência após a década de 1970 (Potter), as ideias bioéticas não são novas. Com efeito, se considerarmos a metaforologia (BLUMENBERG, 1960), ou seja, o estudo das metáforas absolutas, a ideia das ideias, poderemos reconhecer que diversas preocupações da Bioética se encontram registradas ao longo das manifestações culturais da humanidade. Um exemplo disso é que, se a tecnologia, que possibilita questionar as repercussões do pós-humanismo, existe apenas nos tempos hodiernos, a ideia da superação da natureza humana pelo ser humano existe desde os relatos de Adão e Eva, Prometeus e Frankenstein, por exemplo.

A constituição da Bioética enquanto ciência apenas formaliza metodológica e cientificamente alguns debates que, de forma rústica e leiga, já eram travados no seio da cultura respectiva de cada sociedade. Este é o ponto relevante que nos diz respeito em relação à Bioética enquanto método de aproximação: a Bioética é um reflexo cultural de seu tempo e local, de tal modo que é possível observar combinações distintas entre aspectos regionais, religiosos e ideológicos, gerando diversas bases axiológicas de compreensão (PUCA, 2013, p. 44-58).

Assim, embora os agrupamentos regionais possam representar simplificações teóricas, possibilitam a melhor categorização de determinadas características históricas, econômicas e sociais que o bloco regional possa ter, sem prejuízo de posterior aprofundamento de particularidades que cada unidade possa apresentar.

Nesse sentido é que se inicia a compreensão do modelo de Bioética proposto sob uma perspectiva latino-americana, que se inicia a partir da possibilidade de uma filosofia latino-americana ligada à práxis das sociedades emergentes e à possibilidade de reabsorção crítica do pensamento ocidental (CALDERA, 1984, p. 92). Trata-se de um modelo que rompe com a lógica de enxertos (culturais e teóricos) para propor uma lógica de emancipação, libertação, identidade.

A filosofia latino-americana significa uma atividade voltada à procura de uma nova cultura, uma nova sociedade, um novo modelo de lógica social pautado por um novo critério axiológico sobre a base de identidade própria da América Latina (CALDERA, 1984, p. 96). Trata-se do rompimento da lógica de importação cultural, especialmente quando há um certo esgotamento do racionalismo que embasa o conteúdo importado.

A possibilidade de uma filosofia latino-americana se dá pela absorção crítica do pensamento ocidental, ressignificando categorias e conceitos na procura de uma identidade que os adéque à realidade regional vivenciada. Como a América Latina compartilha entre si alguns elementos comuns ao longo de sua história, é possível identificar traços que demonstram ênfase na busca dessa personalidade própria no modo de pensar. Nesse sentido, a reconquista da liberdade é a resposta à histórica dominação e colonização, ao passo que a atenção à vulnerabilidade é a resposta às desigualdades.

É dessa forma que a Bioética, sob o aspecto da Latino-América, precisa se questionar se o modelo enxertado do relatório de Belmont, nos EUA, com base nos quatro princípios (beneficência, não maleficência, autonomia e justiça), representam o que há de modelo mais representativo para estabelecer seus debates. Veja-se que, no modelo norte-americano, há uma polarização entre beneficência/não-maleficência vs. autonomia, tendo justiça como um *standard* argumentativo no centro, ou melhor, temos o confronto do modelo paternalista com o modelo emancipatório e ao centro o critério jurídico como ponderador da resposta que melhor mitigue danos – ou seja, há algo de instrumentalização da Bioética como *compliance* sanitário ou medicina defensiva.

Esse modelo teve bastante receptividade e funcionabilidade no contexto em que foi desenvolvido, uma cultura liberal com baixos índices de desigualdade. Todavia, quando transportado a um contexto de desigualdade, com escassez de recursos, o modelo norte-americano pode não apresentar respostas satisfatórias ou orientar adequadamente para se encontrar a melhor interpretação de uma situação. Mais que isso, talvez sequer possa apresentar respostas a determinadas situações. Imaginemos, por exemplo, a Bioética em situação de terminalidade de vida. Para os parâmetros conhecidos da Bioética norte-americana, é possível discutir de alguma forma questões como eutanásia, ortotanásia, distanásia e cuidados paliativos. Todavia, quando por falta de recursos se depara com a situação da "morte social", ou seja, a morte que poderia ser evitável, mas não o é pela falta de cuidados básicos, pela ausência de recursos na prevenção ou administração do tratamento, o modelo norte-americano de pensar a Bioética não seria capaz de compreender a situação fática valendo-se de seus princípios. Por outro lado, sob a perspectiva da vulnerabilidade é que Márcio Fabri dos Anjos (1989) identificou tal fato como *mistanásia*, ou a morte miserável.

A proposta de se afastar do modelo norte-americano de pensar a Bioética se deve não apenas por homenagem ao contexto em que se insere a presente pesquisa, mas especialmente porque o modelo latino-americano fornece instrumentais para compreender melhor fenômenos que são típicos de regiões marcadas pela vulnerabilidade e desigualdade. Não se pode pensar a vida do desigual vulnerável pelos instrumentos que não pressupõem tal condição (GARRAFA, 2003, p. 35) – seria cinismo defender a liberdade de quem está vulnerável sem se atentar a tal situação.

Assim, no que diz respeito à metodologia de aproximação referente à Bioética, o modelo de análise do dilema de interesse à pesquisa se fará pelo padrão latino-americano, orientado a, primeiramente, compreender a vulnerabilidade e liberdade envolvida, para, posteriormente, se valer de outros modelos ou critérios complementares que se façam necessários.

1.3. MÉTODO DE APROXIMAÇÃO

Em conformidade com os métodos de abordagem utilizados, tanto para o Direito quanto para a Bioética, o método de aproximação que melhor condiz com a pesquisa é o fenomenológico-hermenêutico formulado por Heidegger (2012), em que a linguagem não é analisada num sistema fechado de referências, apenas como interpretativa, mas, sim, no plano da historicidade (STRECK, 2017).

Não se trata de mera interpretação linguística, mas de um desvelamento do sentido, revolvendo a linguagem para encontrar o sentido, a historicidade do fenômeno, e então construir o horizonte de sentidos. Sabemos que o homem (Ser-aí) compreende a si mesmo e compreende o ser (círculo hermenêutico)na medida em que pergunta pelos entesem seu ser (diferença ontológica).

NO (CON)FIM DA VIDA

Diferentemente da tendência de pesquisa empírica na Bioética, a presente pesquisa não procura um dado. Antes, por meio da interpretação de dados linguísticos no Direito e na Bioética, busca um modelo de compreensão do fenômeno que ocorre na interação entre Direito e Bioética.

Esse modelo foi utilizado na análise da ortotanásia no Direito brasileiro. A ortotanásia, aqui, é um plano temático de fundo, e não condição de manifestação desse modelo. Isso implica dizer que, uma vez definido como é o modelo de contribuição da Bioética no Direito, ele não pode ser exclusivo da ortotanásia, mas deve se repetir em outros fundos temáticos. É nessa repetibilidade que consiste o critério de cientificidade da pesquisa realizada, pois o modelo tanto pode ser averiguado em outra pesquisa com o mesmo fundo temático, como também pode ser conferido em outros fundos temáticos. Dessa forma, a pesquisa Bioética hermenêutica será tão científica quanto a pesquisa Bioética empírica.

2.
SOBRE A DISTINÇÃO ENTRE DIREITO, MORAL E ÉTICA

Direito, moral e ética são três formas de normatização da vida que, embora tenham nascido conjuntamente, distinguiram-se ao longo do desenvolvimento cultural humano. Tais características, todavia, não impedem que usualmente se confundam Direito, moral e ética, mormente quando não se tem certeza na aplicação de uma dessas técnicas de normatização da vida.

No Direito, o retorno à confusão de ética e moral já foi institucionalizado como metodologia jurídica na escola da Jurisprudência dos Valores, como veremos adiante. Embora posteriormente o positivismo jurídico tenha proposto um novo avanço separando-as adequadamente, contemporaneamente é usual ver a aplicação da moral e da ética no Direito como forma de suplantar incerteza na aplicação do Direito, valendo-se da fórmula "decido conforme minha consciência" (STRECK, 2012).

Para efeitos deste estudo, a importância dessa distinção deve-se pelo caráter metodológico de racionalização do fenômeno jurídico, especialmente aquele envolvendo Bioética, pois não é raro haver confusões – com efeito, diversas decisões e ensinamentos jurídicos aplicam a própria consciência em vez de aplicar o Direito.

2.1. O NASCIMENTO CONJUNTO DO DIREITO, RELIGIÃO, ÉTICA E MORAL

Nas sociedades antigas, havia uma confusão entre as esferas que hoje temos melhores delineadas por Direito, religião, arte, ética e moral. Essas esferas de manifestação cultural humana se encontravam ligadas em suas manifestações e repartiam os mesmos propósitos (HESSEN, 2003).

A normatização da vida era única, não havendo separação entre Direito, religião, moral e ética, expressadas muitas vezes por meio da arte e dos rituais de magia.

O convívio era marcado pelo princípio da retribuição, de modo que tudo o que era dado, era usualmente trocado, pois deveria obrigatoriamente ser retribuído (CARNIO, 2008, p. 19-48). Não havia uma noção de proporcionalidade para saber o que era justo na troca, da mesma forma como não havia capacidade de estabelecer a individualização de si e do outro – de modo que o *telos* valorativo, social e cultural se formou nesse momento, ou seja, a comunidade não era um conjunto de indivíduos, mas um coletivo no qual entes humanos começavam a criar consciência individual.

Além da compreensão de mundo não demarcada entre indivíduos, também é marcante o *animismo*, a forma de não se entender um sujeito perante outros objetos, rodeando-se de espíritos e medo, crença na função retributiva dos mortos.

Nesse sentido é que importa ressaltar que a estrutura social se baseava em misticismo que envolvia respeito, crença e medo, todas intrinsicamente ligadas ao princípio da retribuição (CARNIO, 2008, p. 19-48). A essa relação obrigatória de retribuição é que se conformam as primeiras relações jurídicas, embora não bem delineadas, que futuramente serão identificadas como vínculo jurídico, a *obligatio* do direito privado romano (CARNIO, 2008, p. 19-48).

A divisão social do trabalho não era capaz de diferenciar os indivíduos da massa coletiva, de modo que não havia estabelecimento de categorias conforme sua função social. (DURKHEIM, 1999, p. 14-37). O caráter autocrático dos povos primitivos, estabelecido na figura do chefe, é reforçado pelo sentimento de não separação do indivíduo.

O vínculo entre esse coletivo com algo acima de si, que originaria a noção jurídica de Estado, começa na religião, em especial no aspecto relacional que havia no ritual da magia, que se revestia de um caráter coercitivo com a natureza animista no dever de agir de acordo com o indicado pelo ritual. Assim, a religião estabelece uma aliança para impedir a arbitrariedade na ação divina. Surge, assim, a noção de vínculo com algo transcendente, com a finalidade de evitar arbitrariedade entre os indivíduos – muito próximo com o conceito de Estado (GUERRA FILHO, 2016, p. 31).

Vê-se, portanto, que genealogicamente há um nascimento conjunto de Direito, ética, moral e religião, que usualmente é retomado em situações

Henderson Fürst

cujo suporte fático são pouco compreendidas culturalmente, como são os casos de Bioética Clínica, implicando o uso indistinto de fontes normativas para estabelecer a conduta normativa adequada.

No ambiente do conflito de convicções que são os casos analisados pela Bioética Clínica, o professor Márcio Fabri dos Anjos (2013) demonstra o modo como tais fontes normativas se relacionam, especialmente considerando que cada fonte possui um tempo distinto de amadurecimento, e "a inadiabilidade da decisão leva a Bioética a reconhecer a importância da construção social de valores pelos quais uma sociedade estabelece uma hierarquia de critérios através dos quais visa proteger os bens fundamentais de seus sujeitos" (p. 624). As múltiplas possibilidades de agentes e interação entre convicções baseadas em fontes normativas com diferentes tempos de amadurecimento propiciam não apenas a confusão que mencionamos, mas também a complexidade da Bioética em situações clínicas.

2.2. A DISTINÇÃO ENTRE DIREITO, MORAL E ÉTICA

Inicialmente, importa ressaltar que diversos autores diferenciaram ou equipararam os conceitos *ética* e *moral*, de modo que qualquer distinção que se pretenda deve considerar o ponto possível de serem confundidos ou diferenciados. As múltiplas acepções de sentido dadas por diversos autores e em diferentes países foi, inclusive, objeto de compilação de Pierre Fortin (1995, p. 37-50).

Basicamente, os muitos sentidos atribuídos à *moral* e à *ética* podem ser agrupados entre aqueles que veem as palavras como sinônimas, e entre os que as consideram distintas ou até mesmo opostas. (DURAND, 2003, p.71)

Na primeira corrente, os autores costumam se embasar na origem etimológica ou na origem histórica. Assim, etimologicamente (SERRES, 1985, p. 136-137), *moral* vem do latim *mos-mores*, e *ética*, do grego, *ethos*; ambas designam os costumes, a condução da vida e as regras de comportamento, e, por etimologicamente designarem o mesmo conteúdo semântico, é que devem ser consideradas sinônimas. Outros estudos indicam a razão histórica para se considerar os termos como sinônimos, seja porque autores latinos se serviram do adjetivo *moralis* para traduzir o grego *ethikós*, seja porque até recentemente na história da filosofia não se fazia a distinção proposta entre moral e ética (DESCOMBES, n. 361, p. 40). Tanto os Gregos quanto os Romanos valorizavam a ética como virtude e/ou carácter pessoal de indivíduos ou grupos, daí a importância do adjetivo; o substantivo em Grego *ethiké* se traduziu para o Latim como

Moralia, um substantivo neutro plural tirado do adjetivo *moralis* para se referir aos temas e assuntos *morais*

Nesse agrupamento, o conteúdo atribuído a qualquer uma das palavras seriam: (1) o de ciência do questionamento dos valores e ações; (2) a sistematização dos valores; (3) o processo de deliberação sobre a prática ou ação.

Quanto à segunda forma de compreender ética e moral, a da distinção, são inúmeras as possibilidades conceituais de diferenciação entre um termo e outro.[7] É possível estabelecer que, em comum, tais análises reservam à *ética* a reflexão sobre as questões fundamentais do agir humano, enquanto a *moral* estaria ligada à aplicação, ao concreto, à ação (MORFAUX, 1980, p. 111). Outra forma possível de reunir as distinções estaria na dualidade questionamento/consolidação, atribuindo-se à *ética* o caráter de perquirir a conduta correta em um determinado caso, e à *moral* um sistema fechado de normas. Nesse sentido, *ética* estaria relacionada à casuística complexa, enquanto *moral* à conduta coletiva consagrada.

Diante dessa complexidade, é comum que cada pesquisador atribua preambularmente o sentido que dará às palavras *moral* e *ética*. Sob esse prisma, citamos como exemplo o trabalho de Paul Ricoeur *Soi-même comme un autre* (1990, p. 200), em que convenciona o sentido atribuído a cada termo – no caso, estabeleceu que por *ética* se entende o objetivo de uma boa vida, o questionamento sobre o fim, sobre o fundamento, e, por *moral*, a tradução desse objetivo em normas que orientam a ação.

Seguindo a mesma definição de *moral* de Ricoeur, Mário Ferreira dos Santos indica que a *moral* seria o estudo sistemático dos costumes humanos, podendo ser considerada, ainda, *moral geral, particular* ou *individual* (SANTOS, 1963, p. 912). Dessa forma, a *moral geral* analisa as obrigações fundadas em bases principioógicas, a *moral particular* analisa as obrigações estabelecidas por princípios particulares a um grupo e a *moral individual*, as normas estabelecidas por princípios de um indivíduo.

A *moral*, enquanto conjunto de ações esperadas de um indivíduo socialmente, também pode se tornar um critério valorativo de comportamento, daí a se dizer que tal ato é ou não moral, que um indivíduo é amoral etc. (ABBAGNANO, 2004, p. 732). Isso permitiu o surgimento de juízos de valoração, indicando se algo é moralmente valioso ou não. Assim, para

---

7   O bioeticista quebequense Guy Bourgeault listou diversas definições em sua obra *L'éthique et le droit face aux nouvelles*. Technologies médicales. Prolégomènes pour une bioéthique (1990, p. 52-53).

efeito deste estudo, tomaremos a moral como o conjunto de valores que orientam um grupo social em suas relações costumeiras, consideradas adequadas para o convívio social.

A moralidade, nesse sentido, é tudo aquilo que se amolda à moral, sendo uma diretriz comportamental para estabelecer o que se espera de um indivíduo num grupo social em determinado momento – isso porque não se pode deixar de considerar a mutação dos valores que pautam a moral. Essa mudança é facilmente observável na existência de comportamentos ao longo do tempo, que assumiram ou perderam caráter imoral.

Essa mutação pode possuir efeitos jurídicos, pois não é incomum que algumas normas jurídicas tenham como fonte a moralidade de um determinado tempo. Assim, conforme a moralidade se modifica, uma norma pode se tornar sem eficácia, uma vez que seu uso não é mais reconhecido ou exigido. Veja-se, como exemplo, como o Código Penal foi alterado quanto à conduta que tipificava o adultério como crime. Com o passar dos tempos, o tipo penal passou a não ser considerado como figura penal.[8]

A moral, portanto, conta com adesão dos obrigados, pois a prática de um ato consciente de observância de conduta moral implica adesão à moralidade que se obedece, daí também a moral ganhar dimensão de uma conduta espontânea.

Apesar de a conduta moral ter em si o elemento espontâneo de respeito à moralidade, é possível desobedecê-la, e isso pode ter consequência jurídica ou não. Quando não há consequência jurídica, tem-se apenas uma sanção moral, ou não, advinda do conjunto social ao qual o indivíduo se insere. Assim, *desrespeitar a fila* pode simplesmente ocasionar em uma sanção verbal ou desaprovação social, mas não teria efeito jurídico, da mesma forma que *desrespeitar os mais velhos* também não teria.[9]

---

8   Esse exemplo é dado por Nelson Nery e Rosa Maria Nery: "A L. 11106/05 revogou o CP 240, excluindo, assim, do ordenamento jurídico brasileiro o crime de adultério, que passou a ser, desde então, apenas justificativa de impossibilidade de comunhão de vida, a ensejar a separação judicial, como o ilícito civil, capaz de proporcionar indenização por dano moral ao cônjuge enganado" (2011, comentário 2, art. 1.573, CC, p. 1.163).

9   Miguel Reale dá o exemplo do direito de alimentos. É um fato moral que familiares devem se ajudar reciprocamente no dever de manutenção de vida. Todavia, como interessa ao Direito que aqueles que não conseguem se manter possam fazê-lo, é atribuído tutela jurídica ao direito/dever de alimentos (REALE, 2000, p. 44).

Todavia, algumas condutas morais são relevantes à segurança jurídica, à justiça e à paz social, tendo interesse jurídico em seu cumprimento. E, a depender da perda da moralidade que determinada conduta possui, é possível que se atribua sentido jurídico ao seu descumprimento. Assim, a fila, cujo descumprimento usualmente não possui coação jurídica, pode passar a tê-lo, como é o caso da "fila de transplantes", regulamentada pela Lei 9.434/1997, pelo Decreto 2.268/1997 e pela Portaria GM/MS 2.600/2009. Da mesma forma, o respeito ao idoso passou a ser tutelado juridicamente pelo Estatuto do Idoso, diante do crescimento de abusos no cuidado e na subsistência dessa parcela da população.

Observe-se que há uma zona comum a Direito, ética e moral em sentido prático, oriunda da genealogia conjunta deles, o que causa certa impossibilidade de completa distinção, no entanto, também não se pode atribuir total coincidência entre eles.

Um exemplo disso são as normas de contagem de prazo processual. O artigo 219 do Código de Processo Civil estabelece que serão computados apenas os dias úteis na contagem de prazo. Não há qualquer valoração moral possível. Pode-se questionar os fundamentos, se torna o processo mais eficiente, mais célere, mas não se é moral.

A moral e suas modificações possuem historicidade, ou seja, são um produto de circunstâncias que constituíram um grupo social. Apesar de se modificar, a moral se consolida e corresponde aos costumes de determinado grupo. Quando um novo fato social se apresenta nesse grupo, é possível que a moral estabelecida não tenha alguma conduta determinada que se deva aplicar ao caso, ou seja, não há uma moralidade pertinente à conduta, de modo que não se pode valorar se fazer algo ou não seja moralmente bom ou ruim.

As situações bioéticas normalmente correspondem a situações fáticas inéditas, seja pelo avanço biotecnológico, que antes não estava disponível, seja porque fatos sociais passaram a ser experimentados de formas diferentes por alguns indivíduos.

No primeiro caso, temos, por exemplo, as pesquisas com células-tronco. Quando anunciadas, os agentes morais[10] sociais começaram imediatamente a fomentar o debate social com a carga valorativa que melhor lhes condizia. A Igreja Católica, por exemplo, estabeleceu que pesquisas com células-tronco

---

10 Entendemos *agentes morais* como aqueles capazes de fomentar axiologicamente um grupo social para estabelecer uma determinada conduta moral, como é o caso da igreja, de artistas, de ativistas, de ONGs etc.

embrionárias seriam contrárias à moralidade cristã e católica, pois entende que a vida humana começa no ato da formação do zigoto e, portanto, não pode se sujeitar a pesquisas. Veja-se que, antes disso, não havia historicidade alguma quanto a pesquisas com células-tronco, pois apenas com o desenvolvimento científico é que se tornou um fato social que demanda questionamento.

No segundo caso, temos como exemplo o aborto. Embora a conduta tenha historicidade moral consolidada e é inclusive tutelada juridicamente,[11] novos fatos sociais têm fomentado a discussão da necessidade de descriminalizar tal conduta. Representativo disso é o voto do Ministro Roberto Barroso,[12] argumentando que, devido à autonomia da mulher, é possível o aborto até o 3.º mês de gestação – uma interpretação que frontalmente contraria o que está disposto nos artigos 124 a 126 do Código Penal.

---

11 Código Penal, artigos 124 a 128:

"Aborto provocado pela gestante ou com seu consentimento

Art. 124. Provocar aborto em si mesma ou consentir que outrem lho provoque:

Pena – detenção, de um a três anos.

Aborto provocado por terceiro

Art. 125. Provocar aborto, sem o consentimento da gestante:

Pena – reclusão, de três a dez anos.

Art. 126. Provocar aborto com o consentimento da gestante:

Pena – reclusão, de um a quatro anos.

Parágrafo único. Aplica-se a pena do artigo anterior, se a gestante não é maior de quatorze anos, ou é alienada ou débil mental, ou se o consentimento é obtido mediante fraude, grave ameaça ou violência.

Forma qualificada

Art. 127. As penas cominadas nos dois artigos anteriores são aumentadas de um terço, se, em consequência do aborto ou dos meios empregados para provocá-lo, a gestante sofre lesão corporal de natureza grave; e são duplicadas, se, por qualquer dessas causas, lhe sobrevém a morte.

Art. 128. Não se pune o aborto praticado por médico:

Aborto necessário

I – se não há outro meio de salvar a vida da gestante;

Aborto no caso de gravidez resultante de estupro

II – se a gravidez resulta de estupro e o aborto é precedido de consentimento da gestante ou, quando incapaz, de seu representante legal."

12 STF, HC 124.306/RJ, 1.ª Turma.

A essas condutas que saem foram da previsão moral, seja por se tratarem de fatos inéditos, seja por serem vivenciadas de forma inédita, é que interessa ao estudo da ética, na convenção semântica aqui proposta.

Então, o que seria a ética? Nicola Abbagnano (2007, p. 425-426) propõe que a ética, de modo geral, é a ciência da conduta, tendo duas concepções fundamentais: (1) aquela que a considera como a ciência do *fim* ao qual se deve dirigir a conduta dos homens, e a ciência dos *meios* para atingir tal fim, e deduzir tanto o fim como os meios da natureza do homem; e (2) aquela que a considera como a ciência do impulso da conduta humana e tem como intenção determiná-lo com vistas a dirigir ou disciplinar a conduta mesma.

Seria possível diferenciar, dessa forma, o conceito de moral e ética?

Essa análise foi mais bem conduzida por Henrique Garbellini (CARNIO, 2011, p. 115-124), valendo-se da investigação de Foucault (2004a e 2004b), que estabeleceu como campo próprio da ética a "relação consigo" (*rapport à soi*), pois isso determinaria o modo pelo qual um indivíduo deve se portar como sujeito moral de suas ações. Essa relação consigo comportaria quatro questionamentos principais: qual a parte de mim mesmo que está relacionada à conduta moral?; de que maneira sou incitado a reconhecer minhas obrigações morais?; de que modo posso me modificar a fim de me tornar um sujeito ético?; qual é o tipo de ser que aspiro quando me comporto de acordo com a moral? (CARNIO, 2011, p. 115-124). Por outro lado, a moral seria o comportamento efetivo das pessoas, podendo, inclusive, ser codificado – daí surgirem os códigos deontológicos, erroneamente chamados de códigos de ética.

Assim, Foucault distingue moral e ética atribuindo à *moral* o campo que diz respeito ao comportamento efetivo das pessoas em relação aos códigos, enquanto à *ética*, o campo que diz respeito ao tipo de relação que o sujeito mantém consigo mesmo (GIACÓIA JR., 1995, p. 89).

Uma vez consolidada a compreensão da distinção, e considerando a ética a partir dela, é preciso retroagir no tempo para observar a revolução da compreensão da ética com Kant (1993, p. 19-43 e 60), no século XVIII. Até então, havia algo de sacro na ética, ligada a um agir religioso, depois do pensamento kantiano, a ética deixa esse caráter e passa a se tornar mais ligada à consciência e racionalidade humana – e de como nunca é possível ter plena certeza sobre as coisas (nesse sentido, alia-se à temática *wittgensteiniana*), a pergunta ética é cada vez mais relevante.

NO (CON)FIM DA VIDA

Até aqui descrevemos a *moral* e a *ética*. Cabe, portanto, posicionar o *Direito* em relação a elas. Usualmente, as teorias positivistas do Direito estabelecem plena separação entre si e as demais áreas (ALEXY, 2010, p. 35-36), pois o conceito de Direito precisa ser compreendido de tal forma que os elementos morais estejam excluídos de suas aplicações como modo de controle técnico – a chamada segurança jurídica (ALEXY, 2010, p. 38).

Ainda assim, há algumas formas de relacionar Direito e moral. Uma delas é vê-los como *complementares*, tal como faz Robert Alexy, pois tanto o sistema jurídico quanto a *moral* são sistemas normativos que resultam de alguns processos de criações normativas similares das mesmas fontes (ALEXY, 2010, p. 40; 2005, passim).

A relação também pode ser vista como *interconexa*, de modo que o Direito seja um ramo da moral, como analisa Ronald Dworkin (2010, p. 51 e passim), não havendo separação, vinculação, tampouco complementaridade. A teoria jurídica, assim, seria uma parte da moral política, caracterizada por depuração das estruturas institucionais. Dessa forma, a existência do Direito seria uma justificação moral para a coerção do Estado, ou seja, o Direito seria a maneira compartilhada pela sociedade para limitar ou autorizar a interferência de um governo nas vidas privada e pública (GUEST, 2010, p. 38).

Outro modo de compreender a relação entre Direito e moral é a *cooriginariedade*, ou seja, embora possuam características próprias (incluindo certo grau de autonomia do Direito), ambos compartilham a mesma origem, o que gera influências ao Direito, visto que o argumento jurídico acaba sofrendo valorações morais (STRECK, 2009, *passim*).

Neste contexto de distinção entre Direito, Moral e Ética, é importante ainda retomar para o contexto latino-americano, que futuramente será melhor detalhado nessa tese, de que Enrique Dussel (1973) demonstrou que para a moralidade é preciso observar uma "totalidade intrassistêmica" que só pode ser eticamente questionada pelos outros de fora dos benefícios do sistema. De outro modo, a ética de Dussel se fundamenta na criticidade, utilizando-se da inevitabilidade da existência de vítimas como critério para julgar criticamente a totalidade de um sistema de eticidade – daí a necessidade de ser questionada por fora do sistema. Isso significa que, "a partir da presença de vítimas, a verdade começa a ser descoberta como a não verdade, o válido como o não válido, o factível como o não eficaz e o bom pode ser considerado como mau" (DUSSEL, 2000).

2.3. O MITO DE ANTÍGONA E SEU PROBLEMA DE CONFUSÃO ENTRE DIREITO E ÉTICA

O mito de Antígona chegou à modernidade pelos escritos de Sófocles, com data desconhecida, mas, provavelmente uma de suas primeiras obras (HARVEY, 1998). É célebre entre os estudantes de Direito, pois descreve um conflito que costuma fomentar o debate do argumento jurídico e o argumento moral na resolução de um caso.

Conta a tragédia que Édipo, pai de Antígona, foi expulso de seu reino (Tebas) por seus dois filhos, Etéocles e Polinice, que disputavam seu lugar no trono. Nesse exílio de seu pai, Antígona fora a única filha que o acompanhou e com ele ficou até sua morte. Polinice tentou convencê-la a não sair do reino, enquanto Etéocles permaneceu indiferente à sua decisão de acompanhar o pai.

Ao retornar a Tebas, os dois irmãos ainda disputavam o trono. Na verdade, os dois irmãos haviam combinado que se revezariam anualmente no trono, começando por Etéocles. Ao término do primeiro ano, porém, Etéocles negou-se a entregar o trono para o irmão, causando, assim, a guerra.

Polinice, que se casara com a filha primogênita do rei de Argos, reuniu um forte exército e atacou Tebas. A batalha não propiciou nenhum desfecho conclusivo à disputa dos irmãos, e eles acabaram morrendo um pela mão do outro, deixando o trono a Creonte, tio deles.

Ao assumir o reino de Tebas,[13] Creonte fez uma sepultura para Etéocles com todas as honras, acusando Polinice de traição, não o enterrou, dei

---

13 Importante observar, no discurso de Creonte ao assumir o trono de Tebas, a relação que faz aos "amigos" e "inimigos" da pátria:

"Se alguém, sendo o supremo guia

do estado, não se inclina pelas decisões

melhores e, ao contrário, por algum receio

mantém cerrado os seus lábios, considero-o

e sempre considerarei o mais ignóbil

das criaturas; e se qualquer um tiver

mais consideração por um de seus amigos

que pela pátria, esse homem eu desprezarei.

Pois eu – e seja testemunha o grande Zeus

xando-o onde caíra morto para que o cadáver fosse exposto e dilacerado, proibindo que fosse enterrado sob pena de morte.[14]

Antígona indignou-se e tentou convencer seu tio a deixar que o enterrasse, pois, nas crenças de Tebas,[15] quem não passasse pelos rituais fúnebres ficaria vagando por cem anos às margens do rio que separava o mundo dos vivos com o dos mortos (Hades). Antígona não se conforma com a decisão de Creonte e a transgride, pegando o corpo de seu irmão para enterrá-lo. Enquanto enterrava Polinice com as próprias mãos, Antígona é presa e condenada à morte. O filho de Creonte, Hêmon, era noivo de Antígona e tenta salvá-la, ao não conseguir, se suicida, seguido por sua mãe, Eurídice.

Não se trata de uma novela romântica, em que há uma luta entre o herói idealizado e um vilão repleto de ambiguidades morais, mas, sim, de uma tragédia grega, não podemos falar de Creonte como se fala de um vilão aos moldes modernos nem reduzir Antígona a uma heroína virtuosa ou idealizada (OLIVEIRA, jul./set. 2013, p. 85-96).

Segundo Aristóteles (ARISTÓTELES; HORÁCIO; LONGINO, 2005, p. 32), os fatos representados em uma tragédia devem excitar o temor e a piedade nos espectadores. A postura ideal não é a do homem bom que vai da felicidade à tristeza, tampouco do vilão que vai do sofrimento à fartura, mas, sim, do homem que não é mau nem perverso e que cai no infortúnio em função de algum erro que cometeu.

O conflito proposto na tragédia de Antígona é o de uma norma moral ("enterrar os mortos para que possam realizar a passagem de um mundo para o outro") com uma norma jurídica ("não enterrar Polinice, por conta

---

onividente – não me calaria vendo

em vez da segurança a ruína dominar

o povo, e nunca trataria os inimigos

de minha terra como se fossem amigos"

(SÓFOCLES, 2011, p. 208).

14 "Nas cidades antigas, a lei atingia os grandes culpados com um castigo considerado terrível, a privação da sepultura. Punia-se, assim, a própria alma, e lhe infligiam um suplício quase eterno" (COULANGES, 2009, p. 27).

15 "Toda a antiguidade estava convencida de que, sem a sepultura, a alma era miserável, e que pela sepultura se tornava feliz para sempre. Não era para exibição da dor que se realizava a cerimônia fúnebre, mas pelo repouso e pela felicidade do morto" (COULANGES, 2009, p. 26).

de seu ataque à Tebas") com uma sanção, a morte do agente, sendo que cada indivíduo arcará com as consequências normativas de sua escolha.

A tragédia também demonstra claramente um aspecto da aplicação da norma jurídica, a impessoalidade de quem a aplica e a quem se destina. Essa impessoalidade fica clara ao se observar que a aplicação da norma jurídica seria ruim para o aplicador, Creonte, pois se tratava da própria nora/sobrinha, e sua morte repercutiu no suicídio de seu filho e de sua esposa. Também não se faria distinção de a quem se deveria aplicar, pois o fato de a agente condenada ser nora/sobrinha do aplicador não a impediu da aplicação da pena. Em seu discurso de posse do trono, Creonte deixa claro sua postura de preocupação com a segurança e ordem da cidade, e não poderia honrar uma pessoa que havia traído a cidade, não sem correr o risco de estimular que outros fizessem o mesmo.

Nesse sentido, também analisa Sérgio Buarque de Holanda, para quem "Creonte encarna a noção abstrata, impessoal da Cidade em luta contra essa realidade concreta e tangível que é a família" (HOLANDA, 2012, p. 45-46). Antígona queria sepultar o irmão argumentando seu dever pautado numa ordem familiar, identificando-o a um direito natural que estaria acima da ordem jurídica estabelecida pelo Estado. Creonte, por sua vez, ao não autorizar o sepultamento de Polinice, o faz com fundamento numa ordem transcendente do Estado. Buarque de Holanda ainda vê o conflito entre Antígona e Creonte como o de todas as épocas, ainda preservando sua veemência nos dias atuais (HOLANDA, 2012, p. 46).[16]

Com efeito, não é incomum observar afeiçoamentos pela postura de Antígona, como uma postura religiosa de defesa da Justiça, do Direito natural, de uma leitura moral do Direito positivo. Essa conduta é inclusive reforçada na cultura jurídica por máximas como a dita por Eduardo Couture: "Teu dever é lutar pelo Direito, mas no dia em que encontrares em conflito o direito e a justiça, luta pela justiça" (COUTURE, 1999, p. 39).

A postura de Antígona, embora compreendida pelo fundamento moral de possibilitar dignidade ao seu irmão morto, enterrando-o, como era o costume e dever de um familiar, representa perda do critério jurídico

---

16 O texto O homem cordial foi publicado na primeira edição de *Raízes do Brasil*, em 1936, de modo que a observação de Buarque de Holanda se referia à sociedade de então. Todavia, cumpre ressaltar que é possível estender a crítica hodiernamente, conforme o faz Lenio Streck em: <http://www.conjur.com.br/2015-mai-07/senso-incomum-cada-republica-advogado-cafe-feliz#_ftnref>. Acesso em: 20 jan. 2018.

de condução da sociedade. Havia um Direito estabelecido pela e para a sociedade como forma de pacificação e estabilização. Se Creonte aceitasse o pedido de Antígona, ele estaria afastando o ordenamento jurídico para aplicar uma moralidade específica. Essa é a postura do ativismo judicial, em que se deixa o Direito para a aplicação de uma moral própria em nome de uma Justiça que se designa unilateralmente qual seja.

A postura de Creonte, todavia, embora dura e pouco compreendida, mantém a estabilidade da ordem jurídica vigente, válida e legítima, cujos critérios de verificação de acerto ou de erro na aplicação são aferíveis – diferentemente da postura ativista.

É nesse sentido que importa compreender o conflito em Antígona, pois sua atualidade (anunciada por Buarque de Holanda e Streck) representa bem as muitas condutas que são tidas como jurídicas quando, na verdade, são meras falácias morais revestidas de direito. Ou, ainda, que o Direito seja afastado em prol da aplicação da moral que se entenda mais adequada ao caso.

Veja-se, por exemplo, o caso julgado pelo Superior Tribunal de Justiça em recurso repetitivo acerca de estupro de vulnerável, previsto no artigo 217-A do Código Penal, que é o estupro presumido em qualquer relação libidinosa com menores de 14 anos, independentemente de consentimento da vítima (o número do Recurso Especial não foi divulgado para preservar a vítima, mas a decisão é a de tema 918 do STJ).

O Tribunal de Justiça do Piauí havia entendido que o crime de estupro de vulnerável não havia acontecido no caso analisado porque a vítima, menor de 14, namorava o réu com o consentimento dos pais e possuía vida sexual ativa consentida tanto pela própria vítima quanto por seus pais, respeitando costumes locais. Todavia, o artigo 217-A do Código Penal não prevê a possibilidade de não condenação do réu caso a vítima tenha consentido ou tenha vida sexual pregressa, ou qualquer outra hipótese casuística. Assim, a 3.ª Seção do STJ reformou a sentença do Tribunal de Justiça, mantendo a condenação dada em primeira instância.[17]

A decisão do TJPI remete à forma de pensamento de Antígona: afasta-se uma ordem jurídica em prol de uma ordem moral familiar específica. A decisão do STJ remete à forma de pensamento de Creonte: embora possa

---

17 O voto do relator está disponível em: <http://www.stj.jus.br/static_files/STJ/ Midias/arquivos/Noticias/Estupro_Vulner%C3%A1vel_Repetivivo.pdf>. Acesso em: 20 jan. 2018.

soar injusta, há um motivo público para querer tutelar menores de 14 anos de atividade sexual. Novamente, aqui, Sérgio Buarque de Holanda: A ordem da família e a ordem do Estado não se confundem. Esta última não é a continuidade daquela primeira. Pelo contrário, é ela oposto; apenas a imaginação romântica é que presume no Estado o alargamento da família (GODOY, 2012).[18]

O complexo conflito proposto na tragédia de Antígona é observado também em decisões de situações estudadas pela Bioética. Ou a situação fática é inédita, e não há suporte normativo claro, ou a situação fática é equivocadamente interpretada, e lhe é atribuída uma norma distorcida. O equívoco dessa interpretação pode decorrer tanto de incompreensão, de erro ou até mesmo de preconceito de alguma natureza.

Veja-se, por exemplo, a decisão do 7.ª Câmara Cível do Tribunal de Justiça do Rio Grande do Sul, que negou a alteração de prenome de um travesti por não comprovar quitação de dívidas à Justiça.[19] A requerente pleiteou a retificação de seu registro civil alegando que seu nome social não correspondia mais à realidade de seu nome registral e que tal disparidade dificultava conseguir empregos por causa do constrangimento passado na entrevista – e essa situação de constante desemprego lhe causara dificuldades financeiras.

O pedido foi fundamentado no artigo 58, *caput*, da Lei de Registros Públicos, que diz: "O prenome será definitivo, admitindo-se, todavia, a sua substituição por apelidos públicos notórios." Não há na lei qualquer restrição a alteração do prenome, quando se trata de apelido público notório, como é o caso do nome social. Antes, a Presidência da República editou o Decreto 8.727, de 28 de abril de 2016, dispondo sobre o uso do nome social, estabelecendo em seu artigo 6.º:

> *A pessoa travesti ou transexual poderá requerer, a qualquer tempo, a inclusão de seu nome social em documentos oficiais* e nos registros dos sistemas de informação, de cadastros, de programas, de serviços, de fichas, de formulários, de prontuários e congêneres dos órgãos e das entidades da administração pública federal direta, autárquica e fundacional. (grifamos)

---

18 Disponível em: <http://www.conjur.com.br/2012-set-30/embargos-culturais-sergio-buarque-holanda-nao-romantizou-estado#_ftn8>. Acesso em: 20 jan. 2018.

19 A íntegra do voto pode ser conferida em: <http://s.conjur.com.br/dl/acordao-modificado-7a-camara-civel-tj-rs.pdf>. Acesso em: 20 jan. 2018.

Veja-se que o pedido em questão possui amparo não apenas na Lei de Registros Públicos, mas também em Decreto específico datado de 2016. Mesmo assim, em 2017, o TJRS rejeitou o pedido formulado, alegando que a requerente não poderia alterar seu nome por não ter provado quitação de suas dívidas, um critério que não é previsto por lei, mas, sim, pela "cautela e prudência", como se pode observar do seguinte trecho da decisão:

> Entretanto, para que seja aplicada a exceção à regra da imutabilidadedo nome, *por cautela e prudência*, tem que afastar a possibilidade de que alteração possa vir a causar prejuízos a eventuais interessados.

"Cautela e prudência" não são fundamentos jurídicos, mas sim fundamentos eleitos pelo juiz para fundamentar critérios não jurídicos não exigidos pela lei para a alteração do registro: comprovação do pagamento de dívidas.

Nesse caso, a postura do Tribunal e da sentença foi a de Antígona – afastaram-se do ordenamento posto para invocar um ordenamento moral próprio por cautela e prudência. A postura da requerente era a de Creonte.

De igual modo, foi relatado[20] pelo jornal *O Estado de S. Paulo*, em 17 de fevereiro de 2017, a situação do jovem José Humberto de Campos Pires Filho, de 22 anos, portador de doença renal crônica, que recusou o tratamento de hemodiálise. Diante da recusa, sua mãe entrou com ação obrigando o filho a se submeter às sessões de hemodiálise e obteve antecipação de tutela liminarmente, obrigando-o a se submeter ao procedimento compulsoriamente.

Embora a decisão do jovem cause perplexidade social diante de sua idade e da possibilidade de acréscimo substancial de tempo de vida por meio de contínuas sessões de hemodiálise, ela possui embasamento jurídico – o artigo 15 do Código Civil, que é interpretado extensivamente, conforme enunciado 403 da V Jornada de Direito Civil do Conselho da Justiça Federal. A posição da mãe, por sua vez, é amparada na leitura superficial do "direito à vida" como um "dever à vida" – um retrocesso na história da humanização da medicina.[21]

---

20 Disponível em: <http://saude.estadao.com.br/noticias/geral,mae-luta-na-justica-para-obrigar-filho-a-fazer-tratamento-que-evita-sua-morte,70001667333>. Acesso em: 20 jan. 2018.

21 Importa ressaltar, desde já, que o discurso dos especialistas consultados pelos jornalistas sempre apresenta a *autonomia* como eixo central da discussão, numa clara influência dos princípios formulados por Beauchamp e Childress (2011).

Nesse caso, a postura do paciente alinha-se com a de Creonte: ainda que cause estranheza e perplexidade, possui amparo jurídico; enquanto a postura de sua mãe é a de Antígona: nega a ordem jurídica para aplicar uma ordem moral familiar que lhe convém.

Fica claro, portanto, a possibilidade de confusão ou de substituição de uma resposta jurídica a uma questão complexa por uma resposta moral, uma vez que suas gêneses são compartilhadas e ambas cuidam da normatização da vida.

2.4. A DISTINÇÃO ENTRE *THÉMIS* E *DIKÉ* E SUA COMPREENSÃO DO DIREITO

Na mitologia grega, a justiça é representada por dois termos: *Thémis* e *Diké*. Ambos se relacionam e se complementam, mas não se confundem. A existência dos dois termos deve-se porque todas as sociedades são regidas por princípios normativos relacionados às pessoas e aos bens, e a forma de compreender regras se imprimem no vocabulário criado para se expressar (BENVENISTE, 1995, p. 101)

No conjunto normativo que regia a sociedade grega, entendeu-se a necessidade de expressar duas formas de justiça. *Diké* seria a deusa responsável pela relação entre as famílias, enquanto *Thémis* representa a justiça exercida no próprio grupo familiar, uma forma de afirmar os direitos e deveres regidos pelo chefe do *génos* (BENVENISTE, 1995, p. 105).

Na forma primitiva de justiça da Grécia arcaica, os mitos revelam a justiça como aplicação da revelação do justo inspirado por musas, como forma de presentificação do sagrado e do descortinamento da Alétheia, de modo que "nobres locais detinham o poder de interpretar fórmulas pré-jurídicas não escritas" (HESÍODO, 2007, p. 16), chamadas *thémistes*. É disso que evoluirá o conceito de Thémis, representando a normatização dos costumes familiares e, nesse sentido, o direito consuetudinário transmitido de uma geração a outra.

Esse conceito terá complemento no de *Diké*, que indica a regra imperativa entre as famílias, um hábito que reveste uma obrigação natural e se torna a representação do que é justo, e transformou-se na expressão do que é a virtude da justiça (BENVENISTE, 1995, p. 112). Essa forma de Direito é construída pelas muitas formas de costumes, do mesmo modo que *Thémis* dá à luz a *Diké*.

NO (CON)FIM DA VIDA

Observe-se que o costume normativo dá origem ao Direito. Há algo de divino na aplicação do costume pela sua revelação ao chefe do *génos*, que confere caráter transcendente, sublime, em relação ao Direito. Embora no conflito entre Direito e tais costumes do grupo, que também podemos chamar de moral, prevaleça o primeiro, a natureza sublime que é dada à moral faz muitas vezes optar por *Thémis*, e não *Diké*.

Em Antígona e nos exemplos apresentados acima, havia algo de sublime nas opções feitas em detrimento ao Direito, pois correspondiam à moral revelada a cada um. Por vezes pode soar como a melhor opção, revestida desse caráter transcendente; todavia, não há um critério para saber se sua aplicação está correta ou benéfica – vide o caso do travesti que não pode mudar seu nome social por causa de dívidas.

Outro ponto importante dessa análise está no fato de que cada grupo possui seu próprio costume normativo (*Thémis*) e de que todos convivem conjuntamente sob uma ordem social (*Diké*). Esses grupos podem ser transpostos modernamente ao conceito proposto por Engelhardt (2008, p. 31) de "amigos morais", em oposição a "estranhos morais", que seriam indivíduos pertencentes a outras formas de regramento axiológico. Esse paralelo entre *génos* e *amigos morais* possibilita compreender que ambos possuem sua própria inspiração divina em *Thémis*, criando as próprias formas de conduta, compartilhando uma moralidade essencial, mas coexistindo em uma sociedade que aplica a norma inspirada em *Diké*.

Vê-se, portanto, que a tensão relativista/casuísta x universalista que há na Bioética e na análise de questões apresentadas pela prática existe desde a formação do conceito do próprio Direito, e se encontra aí a maior dificuldade de firmar critérios seguros de interpretar a norma e aplicá-la.

É nesse sentido que se passa o problema central do Direito: interpretar e decidir.

3.

A BIOÉTICA E SUA RELAÇÃO COM O DIREITO

3.1. FORMULAÇÃO HISTÓRICA DA BIOÉTICA

Quando a Áustria foi anexada ao território do III Reich, Erich Fried, judeu austríaco, viu sua família ser perseguida pelo Nazismo, sendo seu pai desaparecido depois de um interrogatório da sede da *Gestapo*. Nesse contexto é que migra para Londres, onde produz uma série de poemas modernistas com profundo tom crítico aos horrores da perda de sensibilidade do Nazismo. Entre tais poemas está o "Falta de Humor":

Humorlos	Falta de humor
Die Jungen	Os moleques
werfen	jogam
zum Spass	de brincadeira
mit Steinen	pedras
nach Fröschen	nos sapos
Die Frösche	Os sapos
sterben	morrem
im Ernst	de verdade

É nessa perda de sensibilidade com a vida humana que o neologismo *Bioética* é formulado. Posteriormente, diante de nova situação de perda de sensibilidade humana, o neologismo é novamente formulado em novos contextos e com nova significância.

Neste capítulo analisaremos a formulação da Bioética e, posteriormente, sua relação com a ciência jurídica. É essa relação que consiste o objeto de estudo desta tese, afinal, como a Bioética contribui para as decisões jurídicas para as situações em que o suporte fático é compartilhado por ambas as ciências?

3.1.1. Fritz Jahr e a Alemanha pré-nazista

A primeira formulação do neologismo *Bioética*, até onde se tem notícia, ocorreu durante a Alemanha pré-nazista, marcada pela euforia científica e pelo narcisismo. Em 1927, o pastor protestante Fritz Jahr (SASS, 2007) publicou nota editorial no conhecido periódico científico *Kosmos*, intitulado "Bioethik: eine Übersicht der Ethik und der Beziehung des Menschen mit Tieren und Pflanzen" (JAHR, 1927) que, em tradução livre, significa *Bioética: um panorama da ética e das relações do ser humano com os animais e plantas*

A despeito de o nome sugerir uma formulação da Bioética que se dirija mais ao meio ambiente, acreditamos que, no contexto em que se encontrava, Jahr pretendia dizer que, se deveríamos respeitar toda forma de vida, inclusive animais e plantas, tanto mais deveríamos respeitar a vida dos seres humanos.[22]

Devemos ressaltar que, em 1927, as ideias eugênicas eram amplamente divulgadas na Europa e a "bíblia" da eugenia nazista já havia sido publicada em 1920, pelos professores Dr. Jur. et. Phil. Karl Binding e Dr. Med. Alfred Hoche – *Die Freigabe der Vernichtung Lebensunwerten Lebens*. Não obstante, em 1925, Adolf Hitler, que havia tido contato com tais ideias, escreveu do cárcere sua obra biográfica e ideológica *Mein Kampf*.

Ou seja, quando Jahr escreveu seu artigo sugerindo o imperativo bioético de respeitar toda forma de ser vivo como um fim em si mesmo já conhecia a questão eugênica que decorria da euforia científica do desenvolvimento das ciências biológicas e a forma como estava sendo desenvolvida tais ideias na Alemanha.

Para delinear esse contexto, pode-se indicar que, em 1920, os Professores Dr. Jur. et. Phil. Karl Binding e Dr. Med. Alfred Hoche publicaram, em Leipzig, o livro *Die Freigabe der Vernichtung Lebensunwerten Lebens*,[23] obra esta considerada a bíblia do programa de eutanásia nazista, com afirmações fortes, como "os erros humanos [no sentido de pessoas com

---

22 O professor Henrique Garbellini Carnio registrou durante a banca desta tese a interpretação que fez do citado artigo de Fritz Jahr como uma antecipação vanguardista dos movimentos que hoje procuram ampliar a compreensão da natureza jurídica atribuída aos demais seres vivos não humanos.

23 *Permissão para destruir a vida indigna de ser vivida.* Cf. BINDING; HOCHE, 1920.

deficiência] resultam na perda de tantos membros que dificilmente importam na balança".[24] Essa forma de compreensão da humanidade levou, não muito tempo depois, a fazer que o tratamento médico-paciente passasse da pessoalidade para a impessoalidade: os pacientes observados deixavam de ter nomes para ter números.[25]

À ideia de *erros humanos* acresceu-se a ideologia do puritanismo racial, com a difusão do conceito de que a mistura genética com outras raças diminuiria a qualidade do ser humano e de sua natureza. Os fundamentos biológicos para tal argumento foi dado por Eugen Fischer, que alguns anos antes estivera na África do Sul e, em 1913, publicou um estudo com pessoas que ele chamou de *bastardos de Rehobother*, que eram crianças nascidas da miscigenação entre Boers e Hottentots. Considerando uma suposta base científica, Fischer (1961) chegou à conclusão de que as 310 crianças analisadas eram de qualidade racial inferior.[26] Esses estudos influenciaram diretamente Adolf Hitler,[27] tanto que em seu *Mein Kampf*, publicado em 1925, defende abertamente tais ideias, como no trecho em que se lê que o povo "ariano desistiu da pureza de seu sangue e perdeu uma estadia no paraíso".[28]

---

24 No original: "Aber die Menschheit verliert infolge Irrtums so viele Angehörige, daß eine rmehr oder weniger wirklich kaum in die Waagschale Fällt" (BINDING; HOCHE, cap. VI, 1920).

25 O depoimento de uma enfermeira de Württemberg que viveu tal momento, transcrito por J. Noakes e G. Pridham, constitui importante testemunho desta situação: "The senior sister introduced the patients by name. But the transport leader replied that they did not operate on the basis of names but numbers. And in fact the patients who were to be transported then had numbers written in ink on their wrists, which had been previously dampened with a sponge in other words the people were transported not as human beings, but as cattle." (NOAKES, PRIDHAM, 1998, p. 1.023-1.024.)

26 Ainda, publicados antes de 1930: FISCHER, 1914; e FISCHER; BAUR; LENZ, 1927.

27 Há registros de que Hitler teria lido, durante seu cárcere em Landsberg, em 1923, o livro recém-publicado de Fischer chamado *Delineamento da Genética Humana e Higiene Racial*. (PROCTOR, 1988.)

28 Tradução livre. No original: "*Der Arier gab die Reinheit seines Blutes auf und verlor dafür den Aufenthalt im Paradiese.*" (HITLER, 1925. p. 324).

Assim, com uma forte formulação política pela eugenia, um contexto político-social favorável e com apoiadores a tais ideias – que resultaram no regime nazista –, é que Fritz Jahr formula seu conceito de Bioética.

Isso fica ainda mais claro quando Jahr cita, mesmo que superficialmente, autores como Charles Darwin, Friedrich Nietzsche e Richard Wagner.

O primeiro, Darwin, é o pai do pensamento evolutivo que revolucionou a biologia e depois foi instrumentalizado pela genética, mistura que possibilitou o surgimento das ideias eugênicas.

Nietzsche, por sua vez, é um dos filósofos que teria inspirado Hitler (ASCHHEIM, 1997; KAUFMANN, 1974; SANTANIELLO, 1994 e 1997; SHIRER, 1960; GOLOMB, WISTRICH, 2002; BAMBACH, 2003; MACINTYRE, 1992), e esta inspiração é apontada pelo fato de que Hitler visitou o *Nietzsche Archive* sete vezes, e a própria irmã de Nietzsche, Elisabeth, agradeceu em carta a Wilhelm Frick, um importante membro do Partido Nacional Socialista e próximo a Hitler, por ter apresentado a obra de Nietzsche ao futuro *Führer*, dizendo entender que, na obra do filósofo, Hitler teria encontrado o substrato filosófico ao movimento que iniciara (MACINTYRE, 1992, p. 178). Importa ressaltar que não a obra de Nietzsche, por si, não contribuiu nem pretendia contribuir com a formulação ideológica de Hitler ou de seu Reich.

Por fim, Wagner foi o compositor que mais inspirou Hitler (1925, p. 232), tendo sua obra *Die Meistersinger von Nürnberg* (1867) executada nos principais eventos nazistas, além de ser um dos precursores do pensamento antissemita, publicando o panfleto *Das Judentum in der Musik*, em 1869, em que defendia ser de má-qualidade a produção dos compositores alemães judeus, e que a música alemã deveria apartar-se da influência de tais compositores (WAGNER, 1869).

Com toda essa relação próxima ao nazismo, Fritz Jahr cita referidos autores para fundamentar sua ideia, que será concluída numa ampliação do imperativo categórico kantiano, procurando abranger todas as formas de seres vivos. Assim, se Hitler compilou de algum modo as ideias que originaram em uma restrição do imperativo categórico kantiano – *Age de tal modo que trates a humanidade, tanto na tua pessoa como na do outro, sempre e ao mesmo tempo, como um fim e nunca simplesmente como um meio* – para que não abarcassem os judeus, Fritz Jahr propõe sua ampliação, para que atinjam a todos os seres vivos, não apenas os racionais, como proposto por Kant.

NO (CON)FIM DA VIDA

Estamos convencidos de que a intenção de Jahr ao criar o termo *bioética* foi no sentido de que se até mesmo as plantas devem ser protegidas, pois são seres vivos e podem ser feridas quando alguém lhes tira um pedaço, deve-se também proteger o ser humano, independentemente de sua origem.

A nosso ver, a Bioética nasce, portanto, como razão crítica ao desenvolvimento biotecnológico irrefletido e instrumentalizado inadequadamente por ideologias como forma de sobrevivência de todas as espécies. Sua primeira formulação foi uma reação à sociedade que caminhava para os horrores do Holocausto.

3.1.2. V. R. Potter e os abusos científicos no século XX

Usualmente, concebe-se a *paternidade* do neologismo "bioética" a Van Rensselaer Potter, que o teria escrito pela primeira vez em 1970, no artigo Bioethics: Bridge to the Future. No entanto, para entender o momento em que Potter cunha seu neologismo, o porquê da repercussão e de que modo lhe foi dado seus conhecidos princípios, necessário recorrer, uma vez mais, à contextualização.

Apesar de muito se divulgar e criticar os abusos científicos feitos pelo regime nazismo durante a II Guerra Mundial, o fato de o mesmo não ocorrer com os Estados Unidos dá-se apenas por uma questão de vencedor/ vencido. Com efeito, os relatos de abuso científico pelos americanos são tão fortes quanto os nazistas (SOFAIR; KALDJIAN, n. 4, p. 313, 2000).

Apenas para nos restringirmos ao século XX – ainda que não sejam escassos os abusos científicos anteriores (VERESSAYEV, 1972) –, pode-se citar o estudo sobre sífilis em Tuskegee, Alabama (BRANDT, vol. 8, n. 6, p. 21-29, 1978), em que se procurou levantar a história natural da sífilis valendo-se de 408 pacientes mantidos sem tratamento, enquanto outros 192 presumivelmente não sifilíticos foram usados como controle. Os pacientes eram negros e pobres e não foram avisados de que estavam sendo submetidos a uma experiência; ao contrário, informaram-lhes de que alguns procedimentos eram um "tratamento especial gratuito". O estudo começou em 1932 e resultou em 13 trabalhos publicados entre 1936 e 1973 (CAPLAN, 1992; e LEVINE,1981). Ressalte-se que a descoberta da penicilina por Alexander Fleming ocorreu em 1928, e que o experimento, que durou até 1972, época em que era amplamente conhecido o tratamento da sífilis, prosseguiu sem que fosse administrado tratamento aos pacientes estudados. Como durou 40 anos, não passou despercebido, pois há denúncia datada de 1954 sem que nada tenha sido feito (SHAFER, USILTON, GLEESON, n. 7, p. 684, 1954). Apenas quando a imprensa leiga tomou conhecimento, em 1972, é que a pesquisa foi suspensa.

Outro estudo abusivo foi o da Escola Estadual de Willowbrook (KRUGMAN, n. 1, p. 157, 1986; GOLDMAN, n. 2, p. 79, 1973; e DIAMOND, n. 2, p. 133, 1973), instituição para pessoas com retardo mental, no Estado de Nova Iorque, iniciado em 1955, em que se testou o efeito da gamaglobulina na prevenção e possível melhora da evolução da hepatite. Os participantes eram crianças e foram deliberadamente infectados com o vírus da hepatite. A opção para inocular o vírus propositadamente dava-se pelo argumento de que as crianças iriam adquirir a doença depois da internação, de modo que era melhor serem infectadas em condições controladas para acompanhamento da doença em seu estágio inicial.

Também em Nova Iorque, 1963, no Hospital Judeu de Doenças Crônicas (ARRAS, 2008), realizou-se experimentos sobre a rejeição de células cancerosas em 22 pacientes cronicamente debilitados sem câncer, sem o devido consentimento. Os pesquisadores acreditavam que a rejeição de células cancerosas em pacientes com doenças crônicas seria tão rápida como a que ocorre em pessoas sadias, o que, segundo os pesquisadores, seria suficiente para justificar o experimento.

No começo da década de 1970, em San Antonio, Texas, realizou-se experimento com 398 mulheres para estudar possíveis efeitos colaterais de anovulatórios orais. Nesse estudo, utilizou-se quatro marcas comerciais de anovulatórios e um placebo, com a finalidade de verificar se as mulheres apresentavam efeitos colaterais de natureza psicogênica. Ocorreram dez casos de gravidez indesejada entre as 76 mulheres que receberam o placebo. Todas as participantes do experimento eram americanas de origem texana, pobres e multíparas que haviam buscado a clínica pública para métodos anticoncepcionais e não foram informadas do estudo (AMDUR; BANKERT, 2011, p. 14)

Van Rensselaer Potter formulará o termo *Bioética* diante desses acontecimentos e com a sociedade ainda assombrada pelas cenas dos campos de concentração nazista (AGAMBEN, 2008, p. 93 e ss.), razões pelas quais nasce com aceitação e profunda significação – ainda que sem um corpo de doutrina, propriamente, o que será suprido com estudos posteriores e, inclusive, o *Belmont Report*, de quem herdará os princípios.

Potter vislumbrava, em seus escritos, um perigo para a sobrevivência do ecossistema pela separação entre duas áreas do saber: o científico e o humanista (POTTER, n. 1, 1970, p. 127-153). A clara distinção entre os valores éticos e os fatos biológicos que surgem do processo científico-tecnológico indiscriminado poria em perigo toda a vida humana sobre a Terra e o único caminho possível para evitar essa catástrofe iminente, ainda segundo Potter, seria a constituição de uma ponte entre as duas culturas.

Henderson Fürst

NO (CON)FIM DA VIDA

Inicialmente, a proposta do termo *bioethics* era geral e indefinida (SCHRAMM, n. 3, p. 302, 2011), apenas de "ciência da sobrevivência", em sentido ecológico, resultante da necessidade de ultrapassar os ramos tradicionais do conhecimento e estabelecer uma ligação entre o universo dos "fatos científicos" e aquele dos "valores éticos" (POTTER, 1971). Ciente de que esse posicionamento implicaria uma mudança de comportamento individual e coletivo da qual dependeria a sobrevivência da espécie humana, de outras espécies e do próprio ecossistema, Potter aprofundará seu pensamento em *Global Bioethics*, de 1988.[29]

Em seu prefácio à obra *Bioethics: bridge to the future*, em que torna o termo *Bioética* mundialmente conhecido, Potter explica que sua intenção ao escrever uma obra interdisciplinar, que refletisse suas leituras e observações de mais de trinta anos de trabalho, foi contribuir ao futuro da espécie humana promovendo a formação de uma nova disciplina que possibilitasse o diálogo das culturas científicas: o da ciência e o das humanidades. Apenas assim seria possível construir uma "ponte para o futuro" (POTTER, 1971, p. VII).

A preocupação com o futuro da humanidade e a abordagem de forma interdisciplinar eram o fio condutor de algumas das atividades de Potter nos anos anteriores à publicação de 1971 (*Bioethics: bridge to the future*), e no momento em que percebe o risco, a necessidade e a importância do conhecimento para a configuração desse futuro é que procura estruturar a criação de uma nova sabedoria que forneceria um "conhecimento sobre como usar o conhecimento", que poderia ser chamado de *Ciência da Sobrevivência* (POTTER, 1971, p. 1-2).

3.2. A FORMULAÇÃO DA BIOÉTICA COMO CIÊNCIA

3.2.1. O pressuposto da transformação do conceito de verdade, método e ciência

No campo da filosofia, a primeira metade do século XX problematizou o conceito absoluto de verdade e sua consequente implicação à questão do fundamento (STRECK, 2005). Também o problema do método – como fórmula acabada para a revelação da verdade – aparecia no contexto desse cenário filosófico (STEIN, 2006).

---

29 Cf. também POTTER, n. 1, 1995, p. 89-98.

Com efeito, fundamento e conceito de verdade estão intrinsecamente ligados, uma vez que é pelo conceito de verdade que se admite que se pode estabelecer posições acerca do fundamento. Em seu novo conceito, a verdade passa a ser uma construção subjetiva do cognoscente. Passa a existir, dessa forma, um conceito subjetivista de verdade. O fundamento, portanto, repousa numa dimensão objetivista, *a priori*; e subjetivista, *a posteriori*.

A crise do fundamento é devidamente descrita por Ernildo Stein:

> [...] desde a crise do fundamento da metafísica ocidental, partiu-se a unidade do saber humano. Rompeu-se a concepção unitária da verdade, uma vez perdido seu fundamento ontoteleológico que possibilitava a definição da verdade como *adequatio*: verdade é a adequação entre a inteligência e a coisa. Tendo a subjetividade tomado o lugar de Deus como fundamento, e tendo ela eliminado o modelo divino do conhecimento humano, a definição da verdade como adequação torna-se impossível; se ela subsiste, ainda por muitos séculos, isto acontece graças a um formalismo que ignora seu próprio vazio. É deste vazio que pode nascer o niilismo. Niilismo que se entende estritamente como ausência de fundamento. A ausência de fundamento se desenvolve nas ciências exatas como a matematização (formalização) da natureza (STEIN, 1976, p. 102-104).

A solução dada para resolver o problema do fundamento levou a filosofia do século XX a iniciar o movimento que ficou conhecido como *giro-linguístico*. O fundamento passa a estar na estrutura constituidora de mundo, que é a linguagem.

Assim, não se pergunta mais pela "essência" das coisas ou por aquilo que o sujeito sabe com certeza, mas sim pelas condições de acesso ao universo simbólico e significado produzido pela linguagem. É assim que Gadamer (2004, p. 89) propõe o modo de compreender a linguagem: "a linguagem não se posiciona ao lado da arte, do direito e da religião, mas representa o *medium* sustentador de todos esses fenômenos".

É nessa situação que a linguagem e o conhecimento, ou *compreensão*, passam a ser entendidos como fatores que estão compilados em uma estrutura circular própria daquilo que se chama círculo hermenêutico (STEIN, 1988, p. 79). Diante disso, se o problema do compreender é determinante para a formatação do sentido que se projeta ao preenchimento do conteúdo enunciativo dos referenciais da Bioética, o estatuto epistemológico, ontológico e metodológico dos referenciais da Bioética deve passar pela exploração de seu elemento hermenêutico. A hermenêutica, assim, deixa

NO (CON)FIM DA VIDA

de ser uma ferramenta metodológica ou técnica interpretativa e passa a ser um *modo de ser* daquele que compreende a Bioética, pois a linguagem passa a ser constituinte e constituidora do mundo do homem.[30] Há aqui, portanto, uma superação da distinção entre sujeito e objeto que retomaremos adiante. Antes, importa passar pela transformação do conceito de ciência para compreender o método da Bioética.

A tomada da razão no cenário da cultura humana ocorrerá com o antropocentrismo renascentista, que foi instrumentalizado por diversas descobertas científicas, como as de Copérnico, Keppler, Da Vinci e outros. Essa razão foi fundamentada por René Descartes em seu *Discurso do Método*. No sentido cartesiano, conhecer implica, necessariamente, uma etapa inicial de fragmentação da coisa a ser transformada em objeto de conhecimento e o estudo das partes menores individualizadas para só então reunir novamente os fragmentos na etapa de enumeração. Conhecer significa reduzir o objeto de estudo em partes menores, separando-as uma das outras e racionalizando-as o quanto possível por meio do método adequado. Assim, a ciência moderna se desenvolve por meio da *especialização*, superando o ideal renascentista do sábio-cientista-artista,[31] tal como Da Vinci ou dos cientistas pioneiros do iluminismo.

Ao constituir uma ciência com base na especialização, a ciência cartesiana racional se aprofunda no método como expressão da racionalidade. O racionalismo cartesiano tem como característica marcante o fato de que tudo o que é passível de ser pensado e conhecido deve ser transparente à faculdade ou ao sujeito que pensa ou conhece. Conhecer representa dominar e manipular as coisas pela capacidade de serem conhecidas, e isso se dá por duas premissas:

---

30 Nas palavras de Gadamer: "a linguagem não é nenhum instrumento, nenhuma ferramenta. Pois uma das características essenciais do instrumento é dominarmos seu uso, e isso significa que lançamos mão e nos desfazemos dele assim que prestou seu serviço. Não acontece o mesmo quando pronunciamos as palavras disponíveis de um idioma e depois de utilizadas deixamos que retornem ao vocabulário comum de que dispomos. Esse tipo de analogia é falso porque jamais nos encontramos como consciência diante do mundo para um estado desprovido de linguagem lançarmos mão do instrumental do entendimento. Pelo contrário, em todo conhecimento de nós mesmos e do mundo, sempre já fomos tomados pela nossa própria linguagem" (GADAMER, 2004, p. 176).

31 Veja mais em: <http://www.scielo.br/scielo.php?script=sci_arttext&pid=S0104-12902005000300004&lng=pt&nrm=iso>. Acesso em 26 jan. 2018.

(1) que a razão só pode lidar com o que se manifesta conforme suas exigências, sendo inadequado pretender considerar algo independentemente dessa manifestação;

(2) que, para serem conhecidos, os objetos devem deixar-se "ver" completamente pela razão, apesar da resistência que possam apresentar.[32]

Essas premissas permitem observar que, primeiramente, a razão só se expressa mediante uma relação de causalidade entre o objeto e a sua forma de ser percebido; para conseguir observar e determinar sua existência e manifestação, essa manifestação é parametrizada, medida, analisada, sintetizada e descrita com objetividade, e aqui entra a importância do método como forma de tornar objetiva a percepção do objeto; segundamente, que há uma relação entre objeto e observador, conectados pela percepção metrificada pelo método.

Com isso, temos a caracterização da ciência cartesiana: (1) especializada/fragmentada e (2) marcada pelo método como meio que conecta o objeto ao observador.

É possível destacar a contribuição científica de Galileu Galilei nesse processo de quebra da ideologia feudal, sendo considerado o pai da ciência moderna por ter sido o primeiro a utilizar a matemática para justificar o sistema heliocêntrico, lançando uma nova metodologia científica com o propósito de mostrar o "verdadeiro caminho" para explicar os fenômenos da natureza, evitando a utilização de especulações ou dogmas. (GALVÃO, 2016, p. 231). Para Galileu (1983), a natureza poderia ser explicada por meio de caracteres matemáticos e sem estes os homens não poderia compreendê-la.

Tais características sustentaram o desenvolvimento científico e possibilitaram a formulação do positivismo como expressão da romantização da ciência, quando o conhecimento científico passa a ser devotado como único guia da vida, acompanhando e estimulando a produção técnica da sociedade industrial moderna, com exaltação otimista que acompanhou a origem do industrialismo (ABBAGNANO, 2007, p. 909). Há uma mudança na postura em relação ao racionalismo cartesiano, pois, se o método é a confirmação *a posteriori* do modelo que a racionalidade, no positivismo o método é a forma de apreender a realidade para, posteriormente, a racionalidade organizar os dados. E é dessa forma de concepção da ciência que chegará à idade contemporânea, basicamente marcada (1) pela crença de que a ciência é o único conhecimento possível, e isso se dá por meio

---

32   Veja mais em: <http://www.scielo.br/scielo.php?script=sci_arttext&pid=S1678-31662010000400004>. Acesso em 26 jan. 2018.

NO (CON)FIM DA VIDA

do método científico; (2) pelo entendimento de que o método da ciência, por ser o único aceitável para se ter um conhecimento, deve ser estendido a todos os campos de indagação e da atividade humana, ou seja, as ações humanas devem ser guiadas pelo método científico – e o que não for possível ser analisado por esse método passa a não ser considerando um conhecimento aceitável, tal como a religião, a metafísica etc.

Se o método no cartesianismo é um elemento que marca a manifestação do racionalismo, mas não é seu principal instrumento, o positivismo mantém muitas das características fundamentais do cartesianismo, dando maior destaque ao método científico como forma de representar o mundo, seguindo com a fragmentação do conhecimento e sua especialização, bem como com a separação entre objeto e observador – a ciência descritiva não interfere no objeto analisado.

Essa concepção alterou-se contemporaneamente. O discurso de Boaventura de Sousa Santos feito no Brasil, em 1988, deixa claro que havia se perdido a confiança epistemológica, instalando-se uma sensação de perda irreparável do conhecimento. A consciência do conhecimento passou a demonstrar que era preciso mais da epistemologia e da ciência para dar conta da complexidade que há por trás do mundo como o compreendemos.

Se o conhecimento de mundo era baseado na formulação de leis e tem como pressuposto metateórico a ideia de ordem e de estabilidade do mundo (a ideia de que o passado se repete no futuro); hoje, vivenciamos o momento da relatividade, da instabilidade e da não compreensão da causalidade das leis naturais. Vivíamos em um mundo-máquina quando o descobrimos orgânico demais, pulsante, não mecanicista.

A crise do paradigma então dominante não apenas é irreversível como também não se sabe ao certo como acabará – os sinais que as evoluções científicas em curso dão não indicam precisamente qual será o novo paradigma epistemológico, embora algumas características se possam inferir.

Um dos primeiros marcos da crise do mundo mecânico, da ciência moderna, se dá com Albert Einstein por meio da relatividade da simultaneidade, distinguindo entre a simultaneidade de acontecimentos presentes no mesmo lugar e a simultaneidade de acontecimentos distantes, em particular de acontecimentos separados por distâncias astronômicas (REICHENBACH, 1970, p. 60). Se a relação espaço x tempo perde a rigidez de compreensão, também o rigor do conhecimento que se obtém com base nessa relação se modifica completamente mediante a mecânica quântica no âmbito da microfísica. A ideia de que não conhecemos o real senão o que nele introduzimos está bem expressa no princípio da incerteza de Heisenberg: não se podem reduzir simultaneamente os erros da medição da velocidade e da posição das partículas; o que for feito para reduzir o erro de uma das medições aumentará o erro da outra (HEISENBERG, s.d.).

A partir dos anos 1960, diversos avanços do conhecimento nos domínios da microfísica, da química e da biologia avançam mais com a crise do paradigma newtoniano. Em vez da eternidade, a história; em vez do determinismo, a imprevisibilidade; em vez do mecanicismo, a interpretação, a espontaneidade e a auto-organização. Esses diversos avanços não são fenômenos isolados, mas fazem parte de um movimento convergente de vocação transdisciplinar que repercute em diversas teorias, e é desses avanços que se pode dizer algo do paradigma emergente. Isso porque só se conhece a coerência de qualquer conhecimento retrospectivamente (POIRIER, 1983, p. 10).

Desse modo, as características que se observam dos avanços científicos são hoje estruturadas na epistemologia pós-positivista, representada por teóricos como Kuhn, Imre Lakatos e Feyerabend, e são sinteticamente listadas por Abbagnano (2007, p. 394) como:

(1) consciência do caráter humano e histórico-temporal da ciência;
(2) atenção aos aspectos concretos do saber científico, e não apenas lógico-abstrato;
(3) ideia segundo a qual a filosofia da ciência sem a história da ciência é *vazia*;
(4) tendência a enraizar as teorias nas estruturas conceituais mais amplas (paradigmas);
(5) mentalidade holística e rejeição às dicotomias entre ciência e metafísica, contexto de justificação e contexto de descoberta, linguagem teórica e linguagem observacional;
(6) negação de um suposto método fixo do saber e de qualquer demarcação rígida entre a ciência e as outras atividades humanas;
(7) interpretação forte do caráter teórico e da exclusão de uma base empírica neutra capaz de funcionar como critério de verificabilidade ou falsificabilidade das teorias;
(8) propensão a considerar as teorias não em termos de verdade, mas de consenso;
(9) tendência a insistir na incomensurabilidade dos paradigmas;
(10) rejeição à tradicional ideia de progresso científico, seja na forma positivista de acúmulo de certeza, seja na forma popperiana de aproximação gradual da verdade.

Assim, a convicção do paradigma positivista que alimentou a ciência pós-Galileu está se esgotando, sendo necessário encontrar fundamentos que melhor estruturem a nova forma de compreender a ciência e sua relação com a sociedade e o mundo.

3.2.2. O método da Bioética

A ciência pós-positivista, como vimos, não é marcada pelo método, tal como era a tradição iniciada pelo cartesianismo. Também não é marcada pela especialização ou pela fragmentação do conhecimento, mas, sim, pela necessidade de reunir saberes de modo a melhor explicar a complexidade dos fenômenos.

Diferentemente das ciências marcadamente cartesianas e, posteriormente, positivistas, que eram definidas por um método próprio de abordagem do conhecimento especializado, as ciências pós-positivistas são definidas pelo objeto complexo que constituem, e não mais pelo método. Isso porque a complexidade de seu objeto demanda não apenas um método específico, mas um arranjo metodológico de diversas formas de conhecimento para que se possa encontrar a resposta mais precisa e aceitável pela comunidade científica de seu tempo.

Os pressupostos são importantes também, pois indicam o ângulo que o observador-cientista tem de seu objeto-ciência, e permitem compreender o modo como se dá a interação da pesquisa científica e sua influência e mutabilidade entre cientista e ciência, uma vez que não se sustenta mais a crença na separação entre objeto e observador.

Se consideramos que a Bioética, em seu estágio de formulação atual, é um saber, ela transporta um método próprio para estabelecimento do conteúdo que se pode aceitar como científico. Essa visão, naturalmente, carrega a perspectiva positiva em que a ciência traz consigo seu método, e é inclusive marcada por ele.

No entanto, quando se está diante de uma ciência plural, inter/trans/multidisciplinar, o método científico possui a peculiaridade de carregar a pluralidade das ciências que o compõe. Compreender essa característica é crucial para discutir qual método se utiliza na composição do conhecimento bioético científico – e aqui propõe-se uma distinção entre o conhecimento bioético científico e o popular, pois é possível reconhecer um saber bioético baseado numa cultura acerca de um fato da vida.

A Bioética não possui um método próprio. As diversas ciências que participam do diálogo de construção científica da Bioética levam a esse diálogo os seus métodos. É o caminho metodológico das diversas ciências que constituem o método da Bioética. E, ainda que isso corresponda a criar um nível de método composto por um complexo metodológico, não se pode simplificar o objeto que é essencialmente complexo sem correr o risco da superficialidade ou erro no resultado.

Assim, é possível estabelecermos três categorias de métodos: (1) aqueles que são utilizados para explorar o suporte fático do que se analisa; (2) aqueles que são utilizados para compreender os problemas éticos e teóricos; (3) aqueles que são utilizados para dar suporte à tomada de decisão. No primeiro caso, estamos diante de estudos empíricos, que colhem dados da realidade; no segundo caso, de métodos hermenêuticos para compreender a realidade e elaborá-la de acordo com a melhor forma de compreender seus problemas; no terceiro caso, estamos diante de situações que demandam uma decisão, uma resposta a algum problema, uma resposta ou um suporte à pergunta de qual a melhor forma de agir – ou, o inverso, quais as formas que não se pode agir. Essa terceira categoria metodológica da Bioética está diretamente relacionada com o Direito e com a conjuntura pós-positiva, pois a ciência não apenas observa, como também interfere; não apenas levanta dados, mas possibilita a intervenção da realidade.

Historicamente, o conhecimento bioético científico foi formulado dentro de institutos de ciências biomédicas por pesquisadores ligados às ciências da saúde. Apenas tardiamente a Bioética passou a ser integrada por pesquisadores de ciências humanas e sociais aplicadas. Esse fato resultou numa proliferação de pesquisas empíricas em Bioética, especialmente depois de uma grande guinada nesse sentido durante os anos 1980 (SUGARMAN; FADEN; WEINSTEIN, 2001, p. 19-28), implicando profundo desenvolvimento do aspecto metodológico no conhecimento bioético científico (FRITH, 2010, p. 51-53), que pode ser justificado por três fatores: (1) o crescimento da medicina baseado em evidências e sua influência nos pesquisadores que advêm da área da saúde, estabelecendo que os argumentos (bio)éticos necessitariam ser embasados em dados empíricos da melhor evidência científica; (2) o crescimento da ética clínica, que avocou para si muitas pesquisas de revisão bibliográfica e argumentativa, das quais, antes, a Bioética se ocupava; (3) por fim, o crescimento da insatisfação das respostas bioéticas, que seguem o mesmo exemplo da crítica às ciências sociais (BORRY; SCHOTSMANS; DIERICKX, 2005, p. 49-71).

Henderson Fürst

NO (CON)FIM DA VIDA

Embora seja natural que os conflitos de compreensão metodológica entre as ciências também tenham reflexos na compreensão da Bioética, não se pode deixar que restrições de compreensão recíproca diminuam as possibilidades de avanço na pesquisa Bioética. Essa crítica foi formulada no editorial de um volume da *Cambridge Quarterly of Healthcare Ethics* dedicado a estudos kantianos e habermasianos em Bioética; seu editor apontava, naquela ocasião, que a guinada a estudos empíricos na Bioética deixava um vasto e importante campo de questionamento teórico-crítico sem explorar, o que, inclusive, teria repercussões práticas (ÁRNASON, 2012, p. 150-153).

É nesse aspecto que é preciso compreender a contribuição das ciências humanas e sociais aplicadas. Se seu método não resulta num número, num gráfico, ou numa descrição baseada em evidências, essa forma de compreensão não implica um resultado menos científico.

Com efeito, a inovação em ciências humanas e/ou sociais aplicadas implica a melhor compreensão dos modelos que descrevem o fenômeno bioético, a partir dos quais se dão as pesquisas empíricas. Ou seja, a pesquisa empírica tem por plano o resultado *a posteriori*, pois analisa um fenômeno previamente categorizado em um modelo estabelecido pela compreensão *a priori* de uma pesquisa científica.

Veja-se o caso de uma pesquisa que queira analisar a compreensão que os pacientes portadores de uma determinada doença que estejam internados em um determinado hospital possuem de sua autonomia. O modelo de compreensão em que se dá voz ao paciente para compreender sua percepção e a relevância da autonomia enquanto manifestação do fenômeno bioético são dados pela formulação apriorística de compreensão da Bioética atribuída por uma pesquisa de cunho hermenêutico. Caso essa pesquisa se volte à vulnerabilidade, também esse elemento foi aprioristicamente estabelecido como uma faceta do fenômeno bioético.

O estudo hermenêutico da Bioética, portanto, estabelece o mapa de compreensão do fenômeno da Bioética sobre o qual os estudos empíricos estabelecerão a escala métrica. A opção de exaltar estudos empíricos em Bioética implica a construção desordenada de blocos de conhecimento sem saber exatamente se estão alinhados. Não obstante, o estudo hermenêutico da Bioética fomentará as possibilidades de respostas quando a Bioética necessitar dar suporte à tomada de decisões.

Os modelos de interpretação dos fenômenos bioéticos historicamente são construídos por meio de princípios, embora outros modelos tenham sido propostos, posteriormente, como crítica.

3.2.3. O início da formulação do modelo principiológico – ou como se faz o caminho ao caminhar

Se, no âmbito acadêmico, tivemos a formulação de uma nova ciência como reação ao distanciamento das ciências e aos abusos científicos que ocorreram, no âmbito político ocorreu, em 12 de julho de 1974, a criação da *National Commission for the Protection of Human Subjects of Biomedical and Behavioral Research* pela Presidência dos Estados Unidos da América, que estudou os critérios de ética em pesquisa clínica, visando a evitar os abusos então denunciados. A conclusão dessa comissão foi publicada por meio do *Belmont Report*, de 18 de abril de 1979, que estabeleceu, pela primeira vez, o uso sistemático de princípios para a análise de questões que, depois, pertenceriam ao campo de estudo da Bioética.

Esses princípios foram coligidos em 1979, e posteriormente desenvolvidos por Beauchamp e Childress (2001), analisando-os para a ética biomédica. Todavia, pela necessidade de formação de corpo doutrinário da Bioética e pelo método de análise de casos concretos, os princípios do *Belmont Report* passaram a constituir os fundamentos principiológicos da Bioética, sem que tenha ocorrido reflexão crítica a respeito de tal incorporação, ou de sua viabilidade.

A formulação principialista na Bioética não ocorreu pioneiramente pelo *Belmont Report*, mas teve inspiração em referencial teórico prévio, conforme Childress demonstra (CHILDRESS, p. 72-73). Todavia, é com ele que ganha dimensão e forma corpo doutrinário. Ou seja, embora o neologismo *Bioética* tenha nascido com profunda significação,[33] não tinha um corpo de doutrina propriamente estabelecido (AGAMBEN, 2008, p. 93 e ss.), o que possibilitou que os princípios do Relatório Belmont fossem fácil e rapidamente adotados como princípios da própria Bioética.

O *Belmont Report* surgiu quando o Congresso norte-americano aprovou a lei conhecida como *National Research Act*, que propôs três princípios fundamentais: (1) respeito pelas pessoas; (2) beneficência; e (3) justi-

---

33   Na metáfora de Henrique Prata, como uma semente de sequoia.

Henderson Fürst

NO (CON)FIM DA VIDA

ça (REICH, 1995, p. 2.769-2.773). Apesar da influência que nos dias atuais ainda permeia o pensamento bioético, o modelo paradigmático dos princípios foi criticado e teve, no início, cunho pejorativo, especialmente no debate de K. D. Clouser e B. Gert (GRACIA, 1998, p. 67-71).

Os críticos desse modelo apresentaram várias alternativas, como a casuística, a moralidade comum ou o paradigma das virtudes, que veremos a seguir. Entretanto, esses paradigmas são, no fundo, modelos complementares do principialismo do que verdadeiras alternativas (FERRER, 2005, p. 121), como admite Albert Jonsen, propositor do modelo da casuística (JONSEN, p. 237-251, 1995).

As formulações principiológicas da Bioética costumam apresentar falhas por se fundamentarem em estatutos morais ou ideologias de seu formulador – por esse motivo, Engelhardt Jr. formula sua Bioética da permissão (ENGELHARDT, 1996, p. 3), em que tenta se livrar de todo valor moral – ou, ainda, por não especificar a categoria ontológica a qual pertencem seus princípios, e o que seriam tais princípios.

Tal "enxerto" (o do modelo principiológico com o rol de princípios *Belmont*-Beauchamp/Childress) demonstrou-se relativamente insuficiente em situações complexas, de modo que a etapa seguinte da formulação científica da Bioética foi o da adjetivação, formulando-se modelos que pouco ou nada contribuíram com a Teoria da Bioética, tais como: Bioética autonomista, Bioética teórica ou metafísica, Bioética prática, Micro e Macrobioética, Bioética do sujeito, Bioética individualista, Bioética política, Bioética dos indivíduos, Bioética da coletividade, entre outros (HOSSNE, 2006, p. 673).

Essa insuficiência fica clara quando se analisa a questão da vulnerabilidade. Nem o princípio da Justiça nem o princípio da autonomia podem sozinhos ou combinados resolver uma questão que trate majoritariamente sobre vulnerabilidade.

Da mesma forma, não é possível aplicar tais princípios, genealogicamente criados para a ética biomédica, no cuidado a outros seres vivos. A formulação desses princípios não se coaduna com a amplitude das questões jurídicas e do meio ambiente.

De todo modo, a construção do modelo principiológico a partir dos princípios de *Belmont Report* foi o primeiro passo e teve fácil aceitação da comunidade, que passou a tentar construir a ponte de diálogo proposta por Potter. Como não há um caminho pré-moldado ou mapeado para a construção de uma ciência, há de se fazê-la ao caminhar![34]

3.3. A RELAÇÃO DA BIOÉTICA COM O DIREITO

3.3.1. Prolegômenos

Conforme mencionamos, ao analisar o método bioético, cada ciência traz, consigo, seu próprio método, que comporá um complexo metodológico, conforme a necessidade do objeto estudado.

Assim, há de se considerar que a todo suporte fático-bioético corresponde um complexo de dimensões epistemológicas que se interagem. Ou seja, um mesmo fato possui repercussões médicas, econômicas, éticas e jurídicas, entre outras, e pode ser analisado por cada uma dessas dimensões. Possivelmente, o estatuto epistemológico bioético consiste nas diversas possibilidades de interação entre essas dimensões epistêmicas.[35] Nesse sentido, pode-se afirmar que o prevalecimento de uma opção ou

---

34

    [...]

Caminante, son tus huellas	Caminhante, são tuas pegadas
El camino, y nada más;	o caminho e nada mais;
caminante, no hay camino,	caminhante, não há caminho,
se hace camino al andar.	se faz caminho ao andar
Al andar se hace camino,	Ao andar se faz caminho
y al volver la vista atrás	e ao voltar a vista atrás
se vela senda que nunca	se vê a senda que nunca
se ha de volver a pisar.	se há de voltar a pisar
Caminante, no hay camino,	Caminhante, não há caminho
sino estelas en la mar.	senão marcas no mar.
[...]	[...]

    (MACHADO, 2003, p. 142 – tradução livre)

35 Sobre algumas possibilidades de interações entre dimensões epistemológicas, cf. CHAVES, 1998, p. 7-18; JAPIASSU, 1976; LUZ, 2009, p. 304-311.

NO (CON)FIM DA VIDA

de outra representa o conteúdo axiológico que preenche e compreende os princípios[36], referenciais[37] e tópicas[38] da Bioética.

A relação que há entre a Bioética e as ciências que a compõem nem sempre é bem detalhada, especialmente no que diz respeito à possibilidade de alguma influência da Bioética na ciência que a integra. Apenas as relações consequentes da Bioética é que são analisadas.

Um exemplo disso é o modo como Christian Byk, jurista francês e magistrado, analisa a relação da Bioética com os Direitos Humanos (2005, p. 79). Em seu *Tratado de Bioética*, o vínculo jurídico inicialmente analisado não é o da reciprocidade, mas o da causalidade, ou seja, como a Bioética se relaciona com os Direitos Humanos para formar o Biodireito. Tal situação parece-nos equivocada, pois, se há um *Biodireito*, ele não se relaciona apenas com os Direitos Humanos, mas com todo o Direito. Com efeito, há normas de natureza penal, civil, constitucional, administrativa, ambiental, processual etc., que dizem respeito ao Biodireito, e não apenas os Direitos Humanos. Posteriormente, quando examina situações-limite e o Direito (p. 332), Byk assume a postura de analisar todo o Direito, e não apenas os Direitos Humanos, inclusive citando normas de direito penal francês, o que demonstra não apenas a ausência de pesquisas da questão da influência recíproca entre Bioética e Direito, mas, igualmente, a insuficiente análise da relação causalista da Bioética apenas com os Direitos Humanos.

Também a ausência de análise da relação entre a Bioética e o Direito ocorre em outros livros didáticos jurídicos brasileiros. Maluf (2013, p. 12 e ss.), por exemplo (MALUF, 2013), examina a interrelação da Bioética com a ética, a moral e a deontologia, ignorando o Direito, e simplesmente passa à análise do Biodireito, como o encontro da Bioética com o Direito. Embora mencione a pluralidade de áreas do Direito que dizem respeito a esse encontro, nada esclarece sobre a influência recíproca entre Bioética e Direito, senão que do encontro resulta o Biodireito.

Por sua vez, Edison Tetsuzo Namba (2015, p. 14 e ss.), magistrado do TJSP e Doutor em Direito pela USP, não ignora a relação que há entre a Bioética e o Direito. Para ele,

---

36 Cf. o clássico BEAUCHAMP; CHILDRESS, 2001.

37 Cf. HOSSNE, 2006, p. 673-676, que quebrou o paradigma (pseudo)principiológico desenvolvido na Bioética até então.

38 Sobre o método, as implicações do método tópico na Bioética, cf. alguns esboços iniciais em FÜRST, 2010, p. 13.

A Bioética dominou a esfera do direito como "pano de fundo" de debates de situações controversas, porém, hoje em dia, já há algumas normas sobre a consideração de valores, o que acirra as discussões.

Logo, é o momento de se preocupar com o biodireito. Deve-se desvincular o Direito da Bioética, a qual serve mais a uma finalidade política: usada para fazer prevalecer o entendimento religioso ou o laico. O discernimento na escolha de uma forma mais inovadora na concepção de um ser humano, para correção de anomalias genéticas e para a cura de seus males, não pode ser tolhido, sob pena de se restringir a liberdade científica.

Aqui temos duas questões relevantes. A primeira é o nascimento espontâneo do Biodireito. O autor menciona a necessidade de se preocupar com essa área sem qualquer menção à sua genealogia. A outra questão é a desvinculação do Direito da Bioética, por entender que a presença da Bioética possibilite meros debates políticos, de influência de poderes estranhos às normas jurídicas. Mais adiante (p. 15), o autor ainda defende que:

> quando se trata do biodireito, mencionam-se normas de prevenção e de influência do descompromisso da eticidade na condução da vida e dos avanços científicos. Percebe-se isso nitidamente quando se fala sobre o nascituro e o embrião, aborto, retirada do feto anencéfalo, células tronco embrionárias, clonagem humana, experimentação com seres humanos, reprodução assistida, mudança de sexo, transfusão de sangue, transplante de órgãos, eutanásia, entre outros assuntos de suma relevância para a sociedade contemporânea.

O referido *descompromisso da eticidade na condução da vida e dos avanços científicos* que o autor menciona possivelmente diga respeito aos debates que ocorrem no âmbito da Bioética que, naturalmente, trazem carga ideológica em si – afinal, não há lugar ideologicamente neutro (FÜRST, 2011). O autor identifica duas grandes linhas de pensamento contemporâneo: liberais e conservadores, e põe-se a listar o que é preciso evitar, promover e apoiar nessas duas correntes (NAMBA, 2015, p. 12 e ss.).

Além de uma postura excessivamente simplista ao analisar os diversos posicionamentos que enriquecem os debates acerca dos diversos temas específicos e práticos que constituem a Bioética, Namba parece querer analisar tais debates como uma discussão meramente *pró* x *contra*, *laico* x *religioso*, *esquerda* x *direita*, *liberal* x *conservador*, dignas de uma partida de futebol ao melhor estilo *Fla x Flu*. São debates complexos e não possuem apenas duas posturas controversas; mais que isso, acreditar que a única serventia da Bioética ao Direito é fornecer ideologias políticas é não compreender a Bioética e diminuir sua função, seus objetivos e a causa de sua existência.

NO (CON)FIM DA VIDA

Não se pode dizer que a pluralidade (e a riqueza) de tais debates que ocorrem no âmbito da Bioética seja *um descompromisso da eticidade na condução da vida e dos avanços científicos*, uma vez que debater (e conhecer) cada posicionamento significa, exatamente, ter responsabilidade na condução da vida, afinal, se não há respostas prontas e já consolidadas, é preciso se aprofundar nas possibilidades, conhecer seus fundamentos e suas consequências para, então, encontrar a resposta mais prudente, embora possa não ser, necessariamente, a resposta mais correta.

Nesse sentido, a Bioética é importante para o Direito e não se deve separá-los como quem procura uma resposta *pura*[39] do Biodireito. Se a Bioética possui debates ricos em seu interior, estes devem ser considerados pelo Direito. Aliás, as ideologias são importantes ao organizar o debate entre tanta fragmentação cultural e axiológica experimentada em temas complexos, como os que dizem respeito conjuntamente à Bioética e ao Direito.

Quando percebemos que a história e a cultura são fontes de uma imensa variedade de formas simbólicas tanto quanto a especificidade das identidades individuais e coletivas, podemos perceber também o desafio representado pelo pluralismo epistêmico (FÜRST, 2011, p. 236). Habermas, nesse sentido, demonstra claramente, em sua obra, como o pluralismo cultural também significa que o mundo se revela e é interpretado de modo diferente segundo as perspectivas dos diversos indivíduos e grupos (HABERMAS, 2007, p. 9).

Essas diversas perspectivas dificultam a existência de um diálogo, uma dialética, no sentido de formar princípios axiológicos universais, uma vez que as *máximas universais* assumem caráter autorreferencial, relativo. A solução habermasiana é a de um discurso prático, no qual se proporcionariam mecanismos de descoberta de como outro locutor forma seus interesses. O discurso prático pode ser compreendido como uma nova forma específica de aplicação do imperativo categórico (HABERMAS, 2007, p. 10).

Ocorre que nessa discussão, visando a compreender os procedimentos de uma outra parte, na forma de constituição de seus princípios pessoais morais ou normativos, a relativização e pessoalidade da observação afeta a compreensão, distorcendo ainda mais o que seria um meio de facilitar a compreensão alheia.

---

39 Aqui, referimo-nos à *Teoria Pura do Direito* de Hans Kelsen, mencionada anteriormente, que propôs encontrar a verdadeira metodologia jurídica sem influências de outras ciências.

Nesse sentido, entendemos que a ideologia viabiliza a discussão, uma vez que organiza em metanarrativa um posicionamento, e agrega à opinião alguma perspectiva de seus fundamentos, facilitando a compreensão de outros posicionamentos, desde que se observem as ideologias sem algum pré-julgamento ou preconceito.

A importância dessa compreensão deve-se pela crise iminente que a Bioética ainda não se dispôs a discutir, mas que o Direito (e o Biodireito, por consequência) já experimenta há algumas décadas: o problema da decidibilidade.

A Bioética, tal como o Direito, além dos aspectos teórico, zetético, per-quiritório e abstrato que formulam teorias, fundamentos e parâmetros, também possui o aspecto de técnica, decidibilidade. Esse aspecto representa um problema na medida que se trata de uma questão aberta, uma vez que não é um critério fechado, sendo dominado de aporias, como as da justiça, da utilidade, da certeza, da legitimidade, da eficiência, da legalidade, entre outras. (FERRAZ JR., 1977, p. 107).

Assim, quando se questiona a técnica da Bioética para a melhor solução (ou a solução correta), não haverá uma resposta, mas, sim, um debate de quais os melhores parâmetros. Nesse sentido, apenas a ideologia pode apresentar respostas praticáveis, aceitas, ainda que não corretas.

As discussões, dessa forma, deixam a perspectiva do indivíduo e atingem o debate entre as ideologias, que são mais cognoscíveis que valores pessoais. A fenomenologia seria um método aplicável nessas discussões de ponderabilidade e facilitariam a dialética em si, uma vez que realizadas num plano acessível.

Evidentemente, a relação pejorativa atribuída às ideologias permanece e deve ser evitada para que se viabilizem o diálogo proposto, tornando isonômicos os posicionamentos aglomerados em ideologias.

Essa forma de compreender o debate da Bioética também exige que as premissas discutidas sejam exatamente a forma como se compreende a ideologia que se aglomera, e se reconheça expressamente para que o diálogo apresentado e a solução buscada seja viável à decidibilidade.

Ressalta-se que esta aplicação da ideologia se deve unicamente a evitar a crise da decidibilidade, uma vez que a Bioética deve propor possíveis soluções e, assim como o Direito, não se pode esquivar de fornecer respostas aos problemas concretos.

Henderson Fürst

Não se propõe uma limitação à zetética, tão bem desenvolvida até o presente momento, mas uma solução ao debate acadêmico que deve acontecer, especialmente em um momento de maturação do conhecimento científico de uma ciência relativamente nova no Brasil em face do problema epistemológico do pluralismo axiológico, cultural, e da legitimação do discurso da decidibilidade.

A possibilidade de tornar a ideologia uma metanarrativa é, portanto, a de conseguir uma alternativa metodológica, permitindo o desenvolvimento de outras perspectivas essenciais ao avanço do sistema dialético por referenciais conhecidos, adequando-se a outros métodos, tal como o fenomenológico, permitindo a discussão dos diversos posicionamentos para se encontrar a resposta correta/adequada/prudente para o tema que se discute.

Retomando à relação da Bioética com o Direito, posição diferente assume, no Direito brasileiro, Reinaldo Pereira e Silva (2002, p. 245), para quem a originalidade do Biodireito ocorre no reconhecimento do encontro do compromisso operacional com a validade material, isto é, com a validade ética. Assim, embora atribua importância à relação entre Bioética e Direito, o autor não explica ao certo como se dá tal relação.

Também nesse sentido, Maria de Fátima Freire de Sá e Bruno Torquato de Oliveira Naves (2015, p. 12), para quem Biodireito e Bioética são ordens normativas, e, como tais, têm caráter prescritivo, sendo a distinção entre eles a forma de abordagem e a força cogente. Posteriormente, os autores reconhecem que a relação entre Bioética e Biodireito se dá por ser o Biodireito o reflexo juridicizado da Bioética. Ou seja,

> apesar de toda a preocupação Bioética, a sanção estatal para aquele que descumprir algum de seus princípios fica a cargo do Direito enquanto ciência dogmática, eis que possui caráter prescritivo, de dever-ser, porquanto se utiliza da teoria da imputação (SÁ; NAVES, 20015, p. 15).

O problema nessa postura se encontra no fato de que a Bioética é mais que uma forma de zetética do Direito, carecendo da coerção jurídica para ser eficaz. Isso porque, à despeito do Direito, todos os dias os comitês de Bioética clínica atendem inúmeras situações, complexas, que não vão parar nos tribunais para depender de tal força coercitiva – e tais situações são resolvidas no âmbito dos comitês! Da mesma forma, o Direito, com toda sua coerção, vale-se dos modelos hermenêuticos de tomada de decisão da Bioética para conseguir se guiar e, por diversas vezes, também ignora a Bioética para decidir questões complexas, cujo suporte fático é compartilhado com a Bioética e outras ciências.

Ainda que alguns autores ignorem a relação entre Bioética e Direito (ou pleiteiem sua separação), a maioria indica haver alguma relação e que ela é importante, embora não estabeleça exatamente como acontece. Nessa indeterminação, duas posições são inspiradoras a quase todos que estudam essa relação: a de Francesco D'Agostino (2005, p. 95) e a de Diego Gracia (1989, p. 576). Para o primeiro, a relação entre ética e Direito deve ser radicalmente reformulada, especialmente aquela que atribui à ética o foro interno, e ao Direito o foro externo, pois tal relação não pode ser hierárquica, separatista e, principalmente, não objetiva. A proposta de D'Agostino é a da complementaridade, visto vez que a ética salva o ser do homem e o Direito salva as formas de relação; a ética cuida das diferenças, enquanto o Direito instrumentaliza as semelhanças. Nesse sentido, D'Agostino tem razão, uma vez que o suporte fático é compartilhado pelas duas ciências, como mencionamos. O cerne desse compartilhamento é dado por Gracia e tem influenciado os trabalhos de Bioética e Direito contemporâneos: *o Biodireito sem a Bioética é cego, a Bioética sem o Biodireito resulta vazia.*

Assim, é de crucial importância a relação entre Bioética e Direito. Dessa relação, diversos pesquisadores apontam o surgimento do Biodireito, e também apontam para a contribuição do Direito à Bioética. Todavia, não se menciona a contribuição da Bioética ao Direito, que é o que analisaremos a seguir.

3.3.2. A Bioética como fonte do Direito

Até o momento, analisamos a relação entre Bioética e Direito e observamos algumas posturas: (1) aquela que simplesmente ignora a relação entre Bioética e Direito, como se fosse algo natural ou óbvio; (2) aquela que admite haver alguma relação, mas não a explora; (3) a que admite que da relação entre Bioética e Direito nasce o Biodireito, com algumas variações, dizendo que seria o encontro entre Bioética e Direitos Humanos; (4) aquela que admite haver relação, e que o Direito, por meio do Biodireito, seria o braço coercitivo da Bioética; e (5) a que admite haver relação entre Direito e Bioética, mas que não deveria.

Embora esteja bastante clara no espaço científico da Bioética a contribuição do Direito e sua influência, o mesmo não se diz do sentido oposto, ou seja, da contribuição da Bioética ao Direito – apenas que a associação feita entre Bioética e Direito resulta no Biodireito; todavia, essa relação é a consequência posterior, e não imediata.

NO (CON)FIM DA VIDA

Assim, o presente tópico busca analisar o momento de participação da Bioética no Direito. Desde já, adiantamos que a Bioética é tomada como fonte nomogênica do Direito, ou seja, quando o suporte fático analisado é compartilhado entre Bioética e Direito, e o Direito não tem uma resposta jurídica clara por meio de suas fontes normativas, ele se utiliza dos modelos hermenêuticos da Bioética para decidir.

3.3.2.1. Casos difíceis em Direito envolvendo a Bioética

Não é incomum que, diante de um suporte fático que interesse tanto à Bioética quanto ao Direito, seja complexo encontrar a resposta juridicamente correta no suporte normativo posto. Aliás, é bastante usual que, em face de questões como essas, na ausência de resposta jurídica clara e correta, se faça uso de argumentos morais, religiosos ou de outra ordem normatizante, mas não jurídica, uma vez que as fontes normativas habituais do Direito não possuem respostas, afinal, o Direito sempre chega tarde (SPOTA, 1987, p. 45).

Em situações assim, cuja resposta jurídica é obscura, costumeiramente dá-se o nome no Direito americano de *Hard Cases*. Esse conceito remete à Herbert Hart, quando tentava explicar *o que é Direito*? Em sua obra homônima, Hart refutava a tese de John Austin em *The Province of Jurisprudence Determined*, para quem a autoridade jurídica é um fato puramente físico de comando e obediência habituais. Para Hart, os verdadeiros fundamentos do Direito estão na aceitação por parte da comunidade jurídica e leiga de uma regra mestra fundamental, à qual ele chama de "regra de reconhecimento", que atribui a pessoas ou a grupos específicos a autoridade de criar leis. (HART, 1994, p. 91). De acordo com Hart, tal necessidade deve-se porque os sistemas jurídicos se viam em constante tensão entre duas necessidades sociais: (a) segurança jurídica, permitindo aos indivíduos a previsibilidade das regras jurídicas que se aplicariam entre si; (b) a previsibilidade de que algumas questões só poderiam ser resolvidas adequadamente diante da análise das peculiaridades do caso concreto, estabelecendo-se a forma de buscar uma resposta (1994, p. 143).

Assim, as proposições jurídicas não são verdadeiras apenas em virtude da autoridade de pessoas que costumam ser obedecidas, mas, fundamentalmente, em virtude de convenções sociais que representam a aceitação, pela comunidade, de um sistema de regras que outorga a tais indivíduos ou grupos o poder de criar leis válidas (DWORKIN, 2003, p. 42).

Veja-se que, com isso, Hart coloca como pano de fundo do que seria o Direito as análises desenvolvidas pela filosofia analítica da linguagem de

Austin e Wittgenstein. Com efeito, Hart introduz em sua análise jurídica a questão da linguagem, entendendo que está aí a chave para a compreensão do Direito – e avançando em largos passos o positivismo jurídico ao modelo como compreendemos o Direito hodiernamente. Segundo o autor, o linguajar jurídico não é preciso, pois as palavras, inseridas em diferentes contextos, apresentam uma vasta gama de sentidos que lhe são atribuídos pelo intérprete. Considerando essa multiplicidade de sentidos atribuídos aos signos linguísticos, há grandes chances de ocorrerem entraves comunicativos, nas palavras de Hart, "em todos os campos da experiência, e não só no das regras, há um limite inerente à natureza da linguagem, quanto à orientação que a linguagem geral pode oferecer" (1994, p. 139).

É nesse sentido que Hart irá determinar a existência de uma zona clara e outra de penumbra no sistema normativo-positivo. Quando se está diante de casos que sempre ocorrem em contextos semelhantes, há uma consolidação de respostas, e a regra a ser aplicada torna-se clara. Todavia, haveria situações em que as peculiaridades da situação tornem o caso mais complexo, sem que se tenha claro o modo de incidência normativa, gerando dificuldades de aplicação do Direito – e essa seria a zona de penumbra normativa, ou *hard cases*. Como diz o próprio Hart,

> cânones são eles próprios regras gerais sobre o uso da linguagem e utilizam termos gerais que, eles próprios, exigem interpretação. Eles, tal como as regras, não podem fornecer a sua própria interpretação (HART, 1994, p. 139).

Assim, Hart demonstra a existência de situações em que a regra jurídica não é um procedimento automático de subsunção de fatos a normas, sendo esses casos chamados de *hard cases*, que corresponderiam ao "paraíso de conceitos dos juristas" (1994, p. 143), pois a textura aberta do Direito exigiria um esforço argumentativo para encontrar a resposta correta ao caso.

Hart entendia que seria impossível que o legislador conseguisse prever todas as possibilidades da vida e que, assim, criasse normas para tanto (1994, p. 141-142), seria na multiplicidade de hipóteses da vida que surgiriam os casos difíceis. Para isso, Hart cita um exemplo de uma regra que proíbe o trânsito de veículos no parque e, à despeito de todas as possibilidades interpretativas, todas concordariam que não se deve transitar com veículos nos lugares que são considerados parques; todavia, se fosse necessário chamar uma ambulância, e esta precisasse circular

NO (CON)FIM DA VIDA

pelo parque para salvar a vida de alguém que sofrera um acidente, essa regra proibitiva deveria ser aplicada? (1994, p. 139-143). Segundo Hart, a solução – entre valer-se da finalidade da regra ou do bem jurídico tutelado – seria uma mera escolha. E aqui residiria um caso de penumbra ao positivismo jurídico.

Em partes, tal penumbra se dá pela incerteza de qual a resposta jurídica é considerada correta pelo suporte fático. Em parte, a penumbra se dá pelo poder discricionário que cabe ao intérprete para escolher qual método utilizará para dar a resposta ao caso. A resposta, aqui, constitui uma escolha, ainda que possa não ser arbitrária ou irracional (HART, 1994, p. 139). Nas palavras do próprio autor:

> Quando surge o caso não contemplado, confrontamos as soluções em jogo e podemos resolver a questão através da escolha entre os interesses concorrentes, pela forma que melhor nos satisfaz (HART, 1994, p. 142).

Não apenas a discricionariedade da escolha de qual a melhor interpretação é uma marca dessa penumbra normativa, mas também a casuística, ou seja, cada caso possui elementos que são próprios e, por isso, não seria possível utilizar elementos de casos anteriores já decididos. Isso fica bem definido quando o autor analisa que tais casos são

> áreas de conduta em que muitas coisas devem ser deixadas para serem desenvolvidas pelos tribunais [...], os quais determinam o equilíbrio, à luz das circunstâncias, entre os interesses conflitantes que variam em peso, de caso para caso (HART, 1994, p. 148).

Nesse poder discricionário que o intérprete tem de escolher a melhor interpretação que dará do suporte normativo ao suporte fático é que residirão as críticas a Hart, em especial por Ronald Dworkin. Analisaremos tais críticas posteriormente. Por ora, cumpre retomarmos o paradigma dos *casos difíceis* no positivismo, pois é como são analisados os casos envolvendo suporte fático compartilhado entre Bioética e Direito.

Com efeito, esses casos não possuem casualidade normativa clara no suporte normativo, seja porque o fato ainda era desconhecido pelo Direito, seja porque o fato não se adéqua corretamente às categorias jurídicas preexistentes – embora a lei fale de homens e cavalos, a realidade nos traz centauros...[40]

---

40 Expressão retirada de: <http://www.publishnews.com.br/materias/2016/07/27/o-editor-sem-partido>. Acesso em 28 jan. 2018.

Veja-se o caso do aborto anencefálico. Embora o aborto seja uma conduta tipificada como crime no Código Penal (art. 124), a peculiaridade de se tratar de feto anencefálico, com pouca ou nenhuma viabilidade de vida depois do nascimento, tornou esse suporte fático uma situação de penumbra no ordenamento jurídico. Essa conduta deveria ser tipificada no mesmo critério penal do aborto? Ou poderia entrar no salvo-conduto de apresentar algum risco à mãe, mesmo que esse risco não seja físico, mas psicológico? Antes de o Supremo Tribunal Federal julgar a Arguição de Descumprimento de Preceito Fundamental 54, em 2012, que discutia a possibilidade de realização de aborto de feto anencefálico no Brasil, o Tribunal de Justiça de São Paulo proferiu duas decisões contraditórias em menos de 20 dias: em fevereiro de 2011, uma autorizava o aborto, e outra negava-o. Eis aí o problema da discricionariedade judicial ao qual Dworkin critica: o juiz escolheu, conforme bem lhe aprouve, a melhor interpretação, levando duas situações semelhantes a soluções distintas, quando deveriam ser equivalentes! Da mesma forma que é discricionária a escolha da interpretação a ser adotada, também o é a escolha do modelo hermenêutico de Bioética utilizada. No entanto, isso veremos mais adiante. Aqui, cumpre observar que os modelos hermenêuticos da Bioética são utilizados como fonte de interpretação do Direito para casos cuja solução não é clara pela (1) ausência de repetição; (2) falta de previsão normativa; ou (3) característica que não possibilite o perfeito enquadramento do suporte normativo existente.

3.3.2.2. Princípios da Bioética como suporte normativo jurídico

No começo da tradição positiva do Direito, houve o mito da completude do ordenamento jurídico, em que se acreditava que à vida bastaria a codificação, e que todas as suas situações estariam previstas no ordenamento. O mito da completude da codificação ocorreu no século XIX, durante a formação dos sistemas codificados de Direito privado, em especial com os Códigos Civis francês de 1804 e o alemão de 1900.

Com o funcionamento da vida e suas complexidades, percebeu-se que não seria sustentável a crença de que o código por si só bastaria para resolver todos os problemas que o cotidiano apresenta. Cumpre lembrar que, no contexto do Código Civil napoleônico, era vedada a interpretação aos juízes, pois Napoleão sabia, desde aquela época, que há um poder no ato de interpretar, pois a interpretação nem sempre pode se adequar àquilo que seria a vontade do imperador. O juiz era meramente a "boca da lei" (*bouche de la lois*), devendo apenas dizer o Direito, e não interpretá-lo – aqui temos a formação da Escola da Exegese –, mas essa postura demonstrou ser insuficiente para lidar com os problemas apresentados.

Assim, o sistema jurídico criou uma forma de manter a lacuna normativa dentro do próprio sistema: a lacuna legislativa seria meramente aparente, pois o ordenamento estabeleceria normas de como solucionar casos quando a regra já não estivesse prevista. O sistema seria sempre completo, uma vez que a forma de encontrar a resposta já estaria estabelecida.

Dessa forma, para garantir que o ordenamento sempre estivesse completo, criou-se instrumentos de integração institucionais, que são ferramentas de resolução das lacunas advindas explicitamente do próprio sistema jurídico.

Como reminiscência do movimento jusnaturalista, ao qual se acreditava que racionalmente poderia se encontrar o justo aplicável ao caso concreto, estabeleceu-se a técnica de recorrer aos princípios gerais do Direito, que seriam postulados pressupostos pelo sistema codificado, cuja aplicação obedeceria às regras do método dedutivo axiomático (ABBOUD; GARBELLINI; OLIVEIRA, 2015, p. 306).

Na prática, os princípios gerais do Direito são tópicos argumentativos (KAUFMANN, 2010, p. 272), e sistematizam uma forma de atribuir resposta jurídica à solução de antinomias ou de lacunas que decorrem da própria evolução do Direito privado. Ou, como explica Castanheira Neves (2003, 108), são axiomas jurídico-racionais que compõem a estrutura lógico-conceitual dos sistemas de Direito positivo, predominantes no séc. XX.

Rafael Tomaz de Oliveira aponta, ainda, para o caráter matemático que predomina na definição do conceito dos princípios gerais do Direito (OLIVEIRA, 2008, n. 1.1.1 e 1.3). Uma vez que eles estão desde sempre presentes, manifestam-se omissos ao sistema jurídico, acompanhando-o. São o que se pode conhecer por antecipação sobre o Direito, tal como a estrutura do conhecimento matemático. Essa estrutura do conhecimento matemático é dada por Heidegger como:

> A expressão (o matemático) tem sempre dois sentidos: significa, em primeiro lugar, o que se pode aprender do modo já referido e somente desse modo; em segundo lugar, o modo do próprio aprender e do proceder. O matemático é aquilo que há de manifesto nas coisas, em que sempre nos movimentamos e de acordo com o qual as experimentamos como coisas e como coisas de tal gênero. O matemático é a posição de fundo em relação às coisas que se nos propõem, a partir do modo como já nos foram dadas, têm de ser dadas e devem ser dadas. O matemático é, portanto, o pressuposto fundamental do saber acerca das coisas (HEIDEGGER 1972, p. 81-82).

Tais pressupostos fundamentais do conhecimento jurídico têm sido historicamente constituídos como parâmetros para solução de antinomias ou lacunas normativas em busca da realização da Justiça. Kaufmann (2010, p. 273) elenca seis princípios gerais do Direito que se constituíram nesse sentido: (1) *princípio do suum cuique tribuere* (Cícero), dar a cada um o que é seu; (2) *a regra de ouro* (Sermão da montanha de Jesus), faça aos outros o que gostaria que fizessem a ti; (3) *imperativo categórico de Kant*, que é o agir de acordo com aquelas máximas que possam ser erigidas a leis gerais; (4) *princípio da equidade* (John Rawls), em que todos os envolvidos devem participar igualmente tanto nos benefícios quanto nos encargos; (5) *princípio da responsabilidade* (Hans Jonas), pelo qual a ação do cidadão não pode destruir ou diminuir a possibilidade de subsistência da vida humana e de seu ambiente; e (6) *princípio da tolerância* (Arthur Kaufmann), em que a ação humana deve sempre ser direcionada na intenção de diminuir a miséria humana (KAUFMANN, n. 11.IV, p. 273-274)

Tal técnica de preenchimento de lacunas legislativas foi adotada pelo ordenamento jurídico brasileiro, ao lado da analogia e dos costumes, nos termos do artigo 4º da Lei de Introdução às Normas do Direito Brasileiro:

> Art. 4.º da LINDB: Quando a lei for omissa, o juiz decidirá o caso de acordo com a analogia, os costumes e os princípios gerais de direito.

Assim, quando as fontes normativas formais e informais não possuem uma resposta jurídica clara à situação apresentada, o Direito Brasileiro prevê três instrumentos de integração normativa: analogia, costumes e princípios gerais de Direito. Os dois primeiros, analogia e costumes, demandam a existência de casos similares. No primeiro instrumento, a analogia, seria a atribuição de tratamento jurídico dada a caso análogo àquele analisado. Todavia, como as questões examinadas pela Bioética e pelo Direito nessa "penumbra normativa" possuem características singulares, usualmente não é possível aplicar a analogia pela disparidade dos casos. No segundo instrumento, os costumes, há uma relação informal de criação da norma jurídica. A repetição de determinada conduta faz que a coletividade a aceite como se obrigatória fosse e, caso não cumprida, alguma sanção poderia ser aplicada. Também são raras as aplicações de costumes nas situações que dizem respeito à Bioética e ao Direito, pois, habitualmente, tratam-se de questões pouco habituais na sociedade (ou até mesmo inéditas) em que ainda não foi possível consolidar uma ação com repetição e com crença coletiva de normatividade em tal conduta.

Com isso, nas situações complexas envolvendo Bioética e Direito, em que não é clara a norma a ser utilizada, o instrumento de integração normativa previsto pelo ordenamento a ser aplicável serão os princípios gerais do Direito. Todavia, a tomada dos princípios bioéticos pelo Direito contemporâneo não se pode restringir a princípio geral do Direito, mas sim suporte normativo jurídico, uma vez que os princípios gerais do Direito carregam consigo o pressuposto de existir um direito natural ao qual se recorre para complementar o Direito. A Bioética não é expressão de um direito natural, mas sim uma ciência complexa, cujo conteúdo pode complementar o suporte normativo jurídico em caso de lacuna.[41]

Como observamos, no elenco de princípios listados por Kaufmann, eles são construídos historicamente, conforme a aceitação coletiva para a complexidade dos casos aos quais se propõe resolver como axioma de realização de Justiça. Isso implica dizer que, entre os princípios já construídos historicamente e reconhecidos como pressupostos no ordenamento jurídico vigente, não necessariamente há respostas a questões complexas até então desconhecidas, como são as das biotecnologias e seus dilemas ético-jurídicos, que são fatos novos na cultura humana.

Diante dessa natural ausência de construção histórica de axiomas cabíveis para integrar normativamente o ordenamento, os modelos hermenêuticos principiológicos da Bioética servem como substrato para o reconhecimento de novos suportes normativos do Direito. Não se pode falar de "criação" de novos princípios do Direito, mas de reconhecimento deles, uma vez que possuem caráter matemático de pressuposto fundamental do saber das coisas. Assim, utiliza-se os princípios da Bioética e reconhece-os no ordenamento jurídico, atribuindo-lhes conteúdo jurídico por meio de argumentação, e dando-lhes caráter normativo e, portanto, coercitivo.

Nesse ponto, é importante explicar o que entendemos por *princípios da Bioética*. Tanto quanto no Direito, diversas são as acepções de "princípios" para a Bioética. Mais ainda, diversos são os catálogos de princípios para a Bioética.

---

41 Na versão original dessa tese, indicamos o uso dos princípios da bioética como princípios gerais do Direito, mas seria incongruente com o referencial teórico pós-positivo adotado nesta tese, razão pela qual alteramos para suporte normativo jurídico, evitando o ecletismo teórico, bem como evitando o pressuposto de que a Bioética estaria relacionada ao Direito Natural, como alertaram Henrique Garbellini e Georges Abboud na defesa da tese, razão pela qual alteramos.

A formulação dos modelos hermenêuticos Bioéticos pautados em princípios deve-se por herança dos modelos de argumentação da ética que se valem de princípios como elementos argumentativos, axiomas de racionalidade acerca dos quais se organizam critérios de compreensão para responder qual a melhor postura em situações cuja moralidade não esteja ainda estabelecida. Assim, quando falamos em *princípios* da Bioética, nos referimos a todas as formulações que se utilizam de *princípios* para fundamentar e estruturar a argumentação em Bioética por meio de axiomas. Não pretendemos nessa tese discutir a natureza ontológica e epistemológica dos princípios da bioética, mas reconhecemos a complexidade da discussão jurídica sobre a natureza dos princípios jurídicos e entendemos que tal discussão igualmente é pertinente à Bioética para melhor estruturar epistemologicamente seus modelos.

3.4. CRITÉRIOS PARA SE CONSIDERAR PRINCÍPIOS DA BIOÉTICA COMO SUPORTE NORMATIVO JURÍDICO

Quando analisamos a formulação da ideia de *hard cases* por Herbert Hart, mencionamos que foi criticado pela discricionariedade dada ao intérprete, que poderia escolher qual método ou critério interpretativo utilizaria, chegando a resultados diferentes, todos eles aceitáveis. Para o autor, devido à textura aberta do Direito, quando os Tribunais julgam casos que não estão previstos ou estão insuficientemente regulados, valem-se de seu poder discricionário para criar o Direito, quando usualmente deveria aplicar o direito preexistente. Hart entende isso como aceitável, pois existe uma pluralidade de princípios que podem embasar decisões judiciais divergentes, desde que estes julgados possam "tornar-se aceitáveis como produto racional de escolha esclarecida e imparcial" (HART, 1994, p. 221). O requisito seria que a decisão deve configurar "imparcialidade e neutralidade ao examinar as alternativas; considerações dos interesses de todos os que serão afetados; e preocupação com a colocação de um princípio geral aceitável" (HART, 1994, p. 221).

Um dos principais críticos de tal postura, como dito, é Dworkin, que descreveu dois sentidos ao termo "poder discricionário", um fraco e outro forte (DWORKIN, 2002, p. 50-54). O sentido *fraco* possui duas modalidades, sendo a primeira a forma de poder discricionário que é dado entre balizas estipuladas por uma autoridade superior, que pode rever aquela decisão; já a segunda forma, são as decisões dadas por autoridades que podem decidir sem que suas decisões possam ser revistas ou canceladas por alguém, mas estariam previstas dentro do regulamento. O sentido forte da expressão "poder discricionário", que melhor se enquadra ao modelo positivista, é aquele que contraria as duas possibilidades do sentido fraco, ou seja, tanto o julgador não se encontra limitado por uma autoridade superior como também não se encontra limitado por um regulamento (DWORKIN, 2002, p. 55). Assim, "quando um juiz esgota as regras à sua disposição, ele possui o poder discricionário, no sentido de que ele não está obrigado por quaisquer padrões derivados da autoridade da lei" (DWORKIN, 2002, p. 55).

Com isso, Dworkin demonstra claramente a ficção de como o julgador, fazendo uso de seu poder discricionário, decide como se uma das partes já tivesse um direito preexistente que sustentaria a sua demanda, quando, na verdade, o magistrado "legisla novos direitos (*new legal rights*), e em seguida os aplica retroativamente ao caso em questão" (DWORKIN, 2002, p. 127).

Georges Abboud demonstrou bem o risco da discricionariedade ao Direito e à sociedade em sua obra *Discricionariedade administrativa e judicial* (2014), esclarecendo o fato de que, onde o direito termina, a discricionariedade começa. Para o autor, a vontade e o conhecimento do magistrado não constituem salvo conduto para decidir como quiser, visto que não há uma discricionariedade oferecida ao juiz para decidir de acordo com sua consciência. Mais ainda: a decisão judicial contemporânea, ou seja, que se dá perante o paradigma pós-positivista, não pode mais ser vislumbrada como ato meramente silogístico, em que a lei é a premissa maior, o fato é a premissa menor e a decisão é a conclusão.

> Diante da hermenêutica filosófica, a interpretação e a ciência jurídica são algo mais que a utilização de um método seguro e predefinido, do mesmo modo que a aplicação do direito é sempre algo mais que a simples subsunção de um enunciado legislativo ao caso concreto (ABBOUD, 2014, p. 478).

Diante do risco de discricionariedade interpretativa para a resolução de casos que demandem a utilização de modelos bioéticos na forma de princípios gerais do Direito, é necessário que se determinem alguns critérios para a utilização de princípios bioéticos como princípios gerais do Direito.

3.4.1. Compatibilidade constitucional

O ordenamento jurídico demanda integridade e coerência para que funcione como um sistema e assegure suas finalidades de segurança jurídica e justiça. A base imediata sobre a qual se estrutura o ordenamento é a Constituição Federal. Assim, todo o suporte normativo necessita estar em conformidade com a Constituição, de onde se retira validade e legitimidade. Fora da Constituição, não há norma jurídica aceitável ou tolerável, devendo ser expurgada por meio de controle de constitucionalidade.

Uma vez que os princípios da bioética se tornam suporte normativo para o processo decisório do caso específico, seria ilógico que não fossem constitucionalmente compatíveis.

Assim, o primeiro critério para a utilização de princípios bioéticos como suporte normativo é que tenham compatibilidade constitucional, de tal forma que, ao se utilizar um princípio Bioético como suporte normativo, é preciso demonstrar sua compatibilidade constitucional, fundamentando-se de que modo tal princípio se encontra de acordo com a base constitucional.

Se ocorrer algum conflito da forma de interpretação e aplicação de um princípio da bioética com algum princípio constitucional, é preciso que se comprove tanto (1) o fundamento constitucional que tal princípio bioético tomado como suporte normativo possui, quanto (2) se é o caso de aparente conflito de normas, ou ainda (3) se é o caso de inconstitucionalidade na inclusão do referido princípio dentro do suporte normativo para o caso apresentado.

3.4.2. Vedação ao retrocesso de direitos fundamentais

Os direitos fundamentais constituem importante conquista no processo civilizatório do Direito. Atualmente, eles englobam os Direitos Humanos Universais e os Direitos Nacionais dos Cidadãos (ABBOUD, 2016, p. 450). Eles constituem uma reserva de direitos que não pode ser atingida pelo Estado ou pelos particulares. Por conta disso, qualquer ato estatal, seja ele uma lei, um ato administrativo ou uma decisão jurídica, não pode violá-los.

Muito embora eles possam estar positivados na Constituição Federal ou em Tratados Internacionais, é, principalmente, na jurisprudência que os direitos fundamentais são criados e fundamentados. Nesse sentido, Abboud (2016, p. 441 e 442) demonstra como a jurisprudência serviu de contenção ao Poder Executivo e Legislativo do constitucionalismo moderno em diante, especialmente analisando a *Revolução Gloriosa* e a *Petition of Right*. Esse modelo historicista de compreender os direitos fundamentais, desenvolvido na Inglaterra, confere especial importância às liberdades civis, de modo que nem mesmo o Poder Constituinte pode ser ilimitado. Nesse modelo, a jurisprudência tem especial papel no reconhecimento de direitos fundamentais e na sua tutela.

Ao se utilizar princípios bioéticos como suporte normativo, está-se inovando no ordenamento jurídico, valendo-se de uma técnica prevista pelo sistema para suprir a insuficiência normativa do suporte normativo. Como passará a constituir parte do suporte normativo que constituirá a norma ao caso concreto, a utilização de princípios bioéticos não pode representar retrocesso no processo civilizatório do Direito, ou seja, não pode diminuir, restringir ou afastar a aplicação de direitos fundamentais expressos ou reconhecidos ao caso concreto. Não se pode retroceder no processo civilizatório conquistado com tanta dificuldade simplesmente pela novidade fática apresentada ao Direito, tampouco se pode ceder à influência da maioria, opinião pública ou ainda ideologias dominantes – os direitos fundamentais são contramajoritários, pois protegem contra a maioria, de tal forma que o argumento de "clamor das ruas", indevidamente usado por Ministros do STF, não poderá ser válido.

3.4.3. Historicidade

Ao falarmos sobre o conteúdo teórico dos princípios gerais do Direito, mencionamos que, para Kaufmann (2010, p. 273), são pressupostos fundamentais do conhecimento jurídico que têm sido historicamente constituídos como parâmetros para solução de antinomias ou lacunas normativas, em busca da realização da justiça. Em seguida, demonstramos os seis axiomas construídos historicamente elencados por esse autor, que vão desde um brocardo romano, passando por ensinamento cristão e chegando à *tolerância*, elencada por ele como a construção necessária para preenchimento de lacunas apresentadas contemporaneamente.

Como os princípios gerais do Direito são axiomas que buscam a realização da justiça pelo Direito quando não há suporte normativo claramente aplicável ao suporte fático, são historicamente ligados às formulações de justiça que permanecem no imaginário popular e teórico da comunidade.

É nesse sentido que a historicidade do princípio Bioético invocada como fundamento jurídico é fundamental, pois é necessário verificar se há pertinência cultural às partes envolvidas.

Essa condição de verificação é mais bem explicada se analisarmos o debate atual da Bioética islâmica, em que os bioeticistas tanto analisam a validade e a releitura dos princípios formulados pelo *Belmont Report* e desenvolvidos por Beauchamp e Childress (GHALY, 2016) quanto procuram encontrar a própria base de fundamentação principiológica da Bioética (SHOMALI, 2008, p. 1). A base axiológica e cultural que constitui a moralidade e o Direito de países islâmicos certamente é diferente daquela de países cristãos – isso sem considerar, ainda, a construção histórica das matrizes culturais de cada povo. Se assim o é, seria possível importar princípios de outra cultura? É compatível com o desenvolvimento histórico ou se trataria de uma dominação cultural?

Desse modo, ao se utilizar princípios bioéticos como suporte normativo, é preciso verificar a sua genealogia e se há compatibilidade histórica e cultural, bem como justificar não haver dominação cultural.

Embora esse critério possa não soar jurídico, temos que relembrar que o princípio geral de Direito se trata de fonte jurídica que é marcada por reminiscência jusnaturalista no ordenamento jurídico. É por esse mecanismo que temos atualização e complementação do Direito mediante axiomas que representam o imaginário de Justiça.

3.4.4. Vedação à substituição de suportes normativos expressos

O uso de mecanismo endógenos ou exógenos de complementação do suporte normativo ocorre quando se verifica anomia normativa, ou seja, o suporte normativo não prevê regulação jurídica do suporte fático em questão ou, ainda, não a prevê para situações em que a normatização é insuficiente, e tal uso deve ser invocado somente depois da tentativa de utilizar a analogia e os costumes, conforme consta do artigo 4.º da Lei de Introdução às Normas de Direito Brasileiro.

É possível que a facilidade da operacionalidade argumentativa de princípios faça que eles sejam meios preferidos ao uso de analogia, quando normas previstas para outras ocasiões poderiam ser aplicadas pela similaridade do suporte fático.

Assim, quando houver texto normativo análogo, não se pode suscitar princípio Bioético sem que se fundamente o motivo constitucional pelo qual o uso do referido princípio representaria, ao menos, uma ampliação de direitos fundamentais em relação à aplicação análoga da lei vigente para justificar a sua substituição.

Dessa forma, teríamos não apenas assegurado a efetividade da metodologia jurídica – afinal, há suporte normativo a ser aplicado –, mas também evitaríamos a substituição de texto normativo por princípio, algo que hodiernamente chamamos de pamprincipialismo (STRECK, 2011), ou seja, o exagero de criação de princípios apenas para realizar a satisfação de concretização de justiça.

Henderson Fürst

3.4.5. Dever de fundamentação congruente

A ausência de suporte normativo aplicável não representa uma licença poética no Direito para que se possa criar livremente o Direito – não se pode tirar o Direito da cartola. Mais que isso, toda e qualquer escolha que se faça deve não apenas ser constitucionalmente compatível, como também fundamentada para possibilitar a contraposição quando necessário.

A obrigação de fundamentação aplica-se a toda e qualquer decisão judicial que se faça. Antes, essa obrigação era dada pelo artigo 93, IX, da Constituição Federal. Todavia, como no imaginário teorético jurídico brasileiro não basta existir dever constitucional, é preciso haver uma lei ou súmula que reforce uma obrigação constitucional – com o advento do novo Código de Processo Civil, passou-se a estabelecer expressamente o dever de fundamentação, conforme consta do artigo 489. Mais ainda, elencou as possibilidades em que se considerará a fundamentação insuficiente.

Como se trata de uma obrigação jurídica, é óbvio que não seria preciso elencar o dever de fundamentar. Todavia, Leonard Schmitz (2015, p. 211) demonstra como o julgador descomprometido com a autonomia do Direito, fazendo valer sua vontade no momento da decisão de acordo com um sentimento subjetivo de "justiça", tem à sua disposição uma série de possibilidades argumentativas que poderá convencer, não legitimamente, os jurisdicionados. Pode-se, com isso, cobrir com um véu de pretensa legitimidade decisões tomadas subjetivamente, baseadas em critérios pessoais de justiça e moral.

Um dos principais teóricos do pós-positivismo jurídico, Friedrich Müller demonstra-se cético em relação a valores tidos por absolutos, como justiça e equidade, aponta como não se sustentam em opiniões acadêmicas:

> Muito do que fazem juristas "que pensam com justiça e equidade" é temerário como "ciência": a prolação de meras opiniões, a publicação de posicionamentos de perfil aerodinâmico, apoiada em cadeias de tradições seletivamente amarradas, em ditos de autoridades e referências cruzadas em nível interno do grupo, para intimidar indivíduos que ainda não pensam com justiça e equidade (MÜLLER, 2013, p. 143).

A simples argumentação, escolhida como estratégia de convencimento, não serve como fundamentação, pois vela o subjetivismo de quem decide. A fundamentação será aparentemente legítima, mas está eivada de discricionariedade. Assim, não basta a decisão conter algo com o nome de fundamentação, é preciso que não tenha apenas a aparência de argumentação, já que qualquer aparência de argumentação, incluídos aí os usos estratégicos da jurisdição, caracteriza uma decisão que na realidade não se debruçou sobre a facticidade de um caso concreto na construção da norma (SCHMITZ, 2015, p. 212).

Para tanto, é necessário que se fundamente congruentemente. Cada escolha feita demanda fundamentação bastante que inclua as opções rejeitadas e suas consequências para que se possa ter a certeza de que a escolha feita foi a mais adequada ao caso analisado. Nesse sentido, deve-se afastar do uso de termos performáticos, pois não conferem qualquer segurança jurídica, e em nada realizam a justiça, apenas facilitam a aparência de fundamentação, dando um verniz jurídico a uma decisão discricionária.

Esse fenômeno foi analisado filosoficamente por John L. Austin, em especial em sua obra *How to do things with words*, na qual, logo em sua primeira parte, recebe o tratamento conceitual do termo performativo (*performative*) (AUSTIN, 1974, p. 4 e ss.).

Na teoria dos atos de fala (*speech acts*), o termo performático englobaria as expressões linguísticas que seriam frequentemente vazias de sentido nelas próprias (um "sem sentido"). Os enunciados performáticos não descrevem ou registram nada, por consequência, eles não são verdadeiros ou falsos. Ademais, o ato de expressar uma frase é realizar uma ação, ou parte dela, ação que, por sua vez, não seria normalmente descrita como consistente em dizer algo (AUSTIN, 1974, p. 4-5).

Os enunciados performáticos, fora das circunstâncias apropriadas, são indiscutíveis: eles não dizem ou significam nada, não podem ser submetidos a um teste de validade. Por exemplo, a expressão "Viva!". Ela sozinha, descontextualizada, não significa praticamente nada, pode ser um comando para que alguém continue vivendo, pode ser uma expressão para algo positivo etc. Essa é a característica dos enunciados performáticos: eles não são discutíveis, não provam nada e não podem ser refutados, considerados verdadeiros ou falsos (AUSTIN, 1974, p. 6).

Austin é quem introduz, portanto, a ideia de uma "concepção performativa de linguagem". Sua proposta sistemática, posteriormente desenvolvida por Pierce, expressa que a linguagem pode ser tratada de modo sistemático, desde que se adotem categorias adequadas para isso; em outras palavras, desde que a linguagem seja tratada como uma forma de ação, e não de mera representação do real ou da descrição de fatos no mundo (SOUZA FILHO, 2006, p. 220-221).

A distinção da qual parte Austin é referente à dicotomia dos termos constativos e performativos, em outras palavras, entre o uso de sentenças

Henderson Fürst

para descrever fatos e eventos e sentenças que são usadas para realizar (*to perform*) algo, e não para descrever ou relatar. Por essa razão, os termos constativos podem ser verdadeiros ou falsos em relação aos fatos que descrevem; já um performativo não é realmente nem verdadeiro nem falso, pois não descreve um fato, mas deve ser considerado como bem ou mal-sucedido, dependendo das circunstâncias e consequências da realização do ato (SOUZA FILHO, 2006, p. 224-225).

Com isso, ao se decidir pela aplicação de um princípio bioético como suporte normativo, verificando-se não ter suporte normativo aplicável ao caso analisado, deve-se fundamentar a decisão: (1) demonstrando a ausência de suporte normativo aplicável; (2) demonstrando a impossibilidade de aplicar analogia ou costumes; (3) determinando qual(is) o(s) princípio(s) bioético(s) que será(ão) utilizado(s); (4) informando o fundamento constitucional dos princípios bioéticos; (5) demonstrando o não retrocesso de direitos fundamentais; (6) demonstrando a historicidade dos princípios bioéticos quanto à base axiológica envolvida; e (7) demonstrando a congruência da escolha e sua impossibilidade de utilizar performaticamente a fundamentação para qualquer sentido.

4.

ENTRE OS MODELOS PRINCIPIOLÓGICOS NORTE-AMERICANO E LATINO-AMERICANO

Quando Adoniran Barbosa compôs seu célebre samba *Já fui uma brasa*,[42] em 1966, estava distante dos meios de comunicação em massa desde 1958, quando gravou *Pafunça/Nois não usa os "bleque tais"*. A moda que ganhara espaço era a Jovem Guarda, de Erasmo Carlos, Roberto Carlos e outros. Esse novo movimento foi chamado de *iê-iê-iê* em alusão ao uso copiado da vocalização utilizada pelos *Beatles* em diversas letras – também em outros lugares, como Portugal e França, o rock ou pop-rock surgido por influência do rock britânico e do norte-americano receberam a mesma denominação.

---

42   Eu também um dia fui uma brasa

     E acendi muita lenha no fogão

     E hoje o que é que eu sou?

     Quem sabe de mim é meu violão

     Mas lembro que o rádio que hoje toca *iê-iê-iê* o dia inteiro,

     Tocava saudosa maloca

     Eu gosto dos meninos, destes tal de *iê-iê-iê*, porque com eles,

     Canta a voz do povo

     E eu que já fui uma brasa,

     Se assoprarem posso acender de novo

     [declamado]

     É, negrão... eu ia passando, o broto olhou pra mim e disse: é uma cinza, mora?

     Sim, mas se assoprarem debaixo desta cinza tem muita lenha pra queimar...

Em seu samba, Adoniran reconhece a adesão popular ao novo estilo, lamentando a troca feita dele e de seu violão por um estilo claramente influenciado por estrangeirismos. Ainda assim, ele é uma brasa – parece ter dado tudo de si, mas ainda pode voltar a fazer fogo, se assoprarem.

Neste capítulo, analisaremos como as raízes latino-americanas foram substituídas por influências estrangeiras, gerando contextos políticos e históricos tão surreais que, na literatura, compuseram o chamado *realismo mágico* – é real, mas há coisas tão incomuns que a realidade não comportaria, daí ser mágica. Naturalmente, analisaremos como decorre a influência do modelo bioético norte-americano, bem como a busca pelas brasas da Bioética latino-americana.

4.1. A INFLUÊNCIA DO PRINCIPIALISMO NORTE-AMERICANO NO DIREITO BRASILEIRO

Anteriormente, ao analisar o método da Bioética, examinamos que, historicamente, o conhecimento bioético-científico foi formulado dentro de institutos de ciências biomédicas por pesquisadores ligados às ciências da saúde, e que apenas tardiamente a Bioética passou a ser integrada por pesquisadores de ciências humanas e sociais aplicadas, resultando em proliferação de pesquisas empíricas em Bioética. Além disso, o desenvolvimento inicial da Bioética em institutos de ciências biomédicas propiciou que o corpo doutrinário inicial da Bioética fosse baseado nos princípios de ética biomédica desenvolvido pelo relatório de *Belmont* e, posteriormente, por Beauchamp e Childress.

Isso porque, embora a Bioética formulada por Potter fosse ampla, um conceito que propunha um debate de dimensões extensas, mas ainda desconhecidas na academia e com profunda significância, não havia corpo doutrinário desenvolvido para lidar com os dilemas cotidianos práticos e teóricos, demandando algum referencial imediato e de fácil acesso. Como os pesquisadores majoritariamente se encontravam em centros biomédicos, o relatório de *Belmont* pareceu encaixar-se bem e resolver os problemas iniciais apresentados, ainda que os cientistas não pudessem perceber que os princípios do relatório resolveriam apenas um feixe dos problemas e sob uma única perspectiva, reduzindo significativamente as possibilidades do conceito pensado por Potter.

Essa necessidade de rapidamente estabelecer um corpo doutrinário está diretamente relacionada às dinâmicas socioculturais e econômico-políticas da gestão da vida, às quais também podemos ligar a constituição

NO (CON)FIM DA VIDA

do biopoder. Por esse motivo, também constitui um dos desafios da Bioética a busca do esclarecimento dos arranjos da biopolítica (JUNGES, 2011, p. 173). Esse aspecto da Bioética também é demonstrado por Anna Quintanas, para quem os problemas bioéticos não podem ser tratados sem considerar o marco biopolítico em que ocorrem. Quintanas observa que a Bioética predominantemente costuma ignorar o contexto biopolítico em que seus marcos são estabelecidos e, por isso, corre o risco de superficialidade em sua compreensão da realidade, uma vez que se torna difícil entender e solucionar os diversos problemas éticos que surgem no mundo da biotecnologia e biomedicina sem levar em conta o contexto em que são desenvolvidas as atividades (QUINTANAS, 2014).

Todavia, a despeito da necessidade de compreender o contexto do desenvolvimento biotecnológico e da biomedicina, a Bioética desenvolveu-se como um saber prático da ética e passou a realizar a análise casuística dos diversos problemas que lhe foram apresentados, e a melhor forma que a prática inicial encontrou foi aplicar princípios, ponderar valores em relação a casos concretos valendo-se dos recursos da ética médica e do Direito, quando disponíveis, e avaliar riscos e malefícios diante dos benefícios esperados (JUNGES, 2006, p. 11-12). Dessa forma que o principialismo norte-americano foi a germinação doutrinária da Bioética e assim foi transplantada para o Direito brasileiro, apesar dos esforços de influentes pesquisadores e centros de pesquisa que propuseram outros caminhos que se adequassem melhor à realidade brasileira.

Essa influência é notória ao se analisar o que os livros universitários jurídicos ensinam à nova geração de bacharéis em Direito e o que a pesquisa mais recente em Biodireito tem utilizado como referencial teórico.

No que diz respeito aos livros universitários,[43] é marcante a utilização dos princípios do relatório de *Belmont*, incluindo algumas variações aleatórias quando se transpõem ao Biodireito. Com efeito, como o Biodireito não possui estrutura doutrinária clara e costuma se ater ao casuísmo, valendo-se, quando muito, de uma pequena estrutura teórica inicial para imediatamente passar à análise dos diversos temas concretos que vão do nascimento à morte do indivíduo e, eventualmente, passando por questões ambientais – veja-se o livro da professora portuguesa Helena Pereira de

---

43 Importante ressaltar que, no mercado editorial jurídico brasileiro, dá-se o nome de livros universitários aqueles que atendem à ementa básica das disciplinas dos cursos de graduação de Direito, podendo ser adotados pelos professores como livros-texto, que servirá de base para o ensino da matéria em questão.

Melo, *Manual de Biodireito*, que adentra diretamente nos temas concretos do Biodireito (MELO, 2008) – não se desenvolveu o modo como os princípios da Bioética influenciam a compreensão do Direito, tampouco a genealogia dos "princípios do Biodireito", e menos ainda a estrutura metodológica do Biodireito.

Vejamos o caso do *Curso de Bioética e Biodireito*, da professora Adriana Maluf (2013, p. 18-20). Suas 140 páginas iniciais, distribuídas em cinco capítulos, analisam questões teóricas e introdutórias da Bioética e do Biodireito, enquanto as 330 restantes cuidam de temas específicos que dizem respeito tanto à Bioética quanto ao (Bio)Direito.

Quando analisa os princípios da Bioética (p. 11), a professora Maluf apresenta como princípios básicos a autonomia, a beneficência, a não maleficência e a justiça, sem indicar a origem de tais princípios. Posteriormente, ao analisar os princípios do Biodireito, menciona que podem ser aplicados, entre outros: (a) princípio da autonomia; (b) princípio da beneficência; (c) princípio da sacralidade da vida; (d) princípio da dignidade humana; (e) princípio da justiça; (f) princípio da cooperação entre os povos; (g) princípio da precaução; e (h) princípio da ubiquidade. Como se pode ver, os princípios do Biodireito contêm os que foram listados na Bioética e outros aleatórios, de outras áreas do Direito, tomados como do Biodireito.

Por sua vez, os professores Maria de Fátima Freire de Sá e Bruno Torquato de Oliveira Naves (2015, p. 35), quando analisam os princípios do Biodireito, são expressos em afirmar que "o relatório [de *Belmont*] contém o que consideramos como os princípios básicos da Bioética: beneficência, autonomia e justiça". Ou seja, embora estabeleçam de onde provém tais princípios, nada mencionam acerca de outros modelos principiológicos – como consideram esses os princípios básicos, é possível que reconheçam aos demais modelos principiológicos uma categoria além de "básicos".

Quando analisam os princípios do Biodireito, os professores mineiros listam os princípios da precaução, da autonomia privada, da responsabilidade e da dignidade (SÁ; NAVES, 2015, p. 39 e ss.) Embora indiquem que o Biodireito não possui um documento que relate tais princípios ou que permita a uniformização dos termos utilizados pela doutrina e pela jurisprudência, os autores retiram a influência de marcos jurídicos distintos para compor a combinação básica de princípios do Biodireito, tais como a Conferência das Nações Unidas sobre o Meio Ambiente e Desenvolvimento (Rio-92), o desenvolvimento da autonomia privada no pensamento jurídico contemporâneo, o princípio da responsabilidade por Hans Jonas e o arcabouço constitucional da dignidade humana. Embora sem uma base teórica que justifique essas escolhas, o que poderia ser chamado de pamprincipialismo (seguindo os moldes de STRECK, 2011), a influência do modelo principialista-bioético norte-americano foi consolidada historicamente, de acordo com os autores (p. 35 e ss.) Assim, além dos quatro princípios do relatório de *Belmont*, os professores também reconheceram o princípio da responsabilidade, com base em Hans Jonas e Giovanni Belinguer (p. 38).

No mesmo sentido, o magistrado paulista Edison Namba (2015, p. 11), em seu *Manual de Bioética e Biodireito*, elenca como princípios da Bioética os mesmos do relatório de *Belmont*, que possuem interpretações políticas liberais ou conservadoras, das quais o Direito precisa se desvincular da Bioética. Em sua obra, que além da Bioética também analisa o Biodireito, Namba não analisa os princípios do Biodireito, pois afirma que qualquer formulação seria influência do descompromisso da eticidade na condução da vida e dos avanços científicos (p. 15.)

É nítida, portanto, a influência do pensamento do principialismo norte-americano na estrutura do pensamento e do ensino nas obras universitárias jurídicas de Bioética e Biodireito.

Como isso se manifesta na pesquisa acadêmica da pós-graduação?

Tendo como espaço amostral o *Catálogo de Teses e Dissertações da CAPES*, fizemos uma busca pelo termo "Biodireito", restringindo a busca para o período pós-2013, quando a plataforma ampliou os dados contidos em cada entrada, inclusive com o arquivo completo ou resumo e com referências bibliográficas, possibilitando analisar o conteúdo da pesquisa realizada. Com isso, encontramos 80 entradas, das quais 9 são teses, 68 são dissertações e 3 são dissertações de mestrados profissionalizantes, defendidas em 34 programas de pós-graduações diferentes. Dessas 80 entradas, excluímos 12, pois foram catalogadas pelo sistema de busca por estarem ligadas a linhas de pesquisa que têm o Biodireito por mote, mas a pesquisa em si nada continha de Biodireito em seu tema ou desenvolvimento.

Considerando isso, observamos que das 68 pesquisas em Biodireito catalogadas pela Capes nos últimos 5 anos, 30 (44,13%) utilizaram o modelo do principialismo baseado no relatório de *Belmont*; 13 (19,12%) não mencionaram qualquer referência teórica a modelos hermenêuticos da Bioética; 3 (4,41%) utilizaram o princípio da responsabilidade de Hans Jonas; 2 (2,94%) criaram os próprios princípios; 2 (2,94%) utilizaram o que chamaram de "modelo latino-americano de Bioética"; 1 (1,47%) utilizou apenas o princípio da proteção; 1 (1,47%) utilizou o que chamou de "modelo da Bioética Católica"; 1 (1,47%) utilizou a "Bioética das relações", baseada em Claudio Cohen; 1 (1,47%) utilizou os princípios do Direito Ambiental; e 14 (20,58%) não disponibilizaram informações suficientes.

Com isso, podemos observar que, nos últimos cinco anos, as pesquisas catalogadas pela Capes em Biodireito, baseadas no modelo bioético do relatório de *Belmont*, constituem quase metade dos estudos, muito maior que a influência de qualquer outro modelo. Ainda que as 14 pesquisas que não disponibilizaram informações suficientes (tampouco nas bibliotecas digitais das instituições de origem) fossem todas realizadas pelo mesmo modelo hermenêutico da Bioética, e esse modelo não fosse o principialismo norte-americano, seria menor que a utilização verificada desse principialismo.

Assim, seja pelo modo como se ensina o Biodireito e a Bioética nas faculdades de Direito, seja pelo modo como estamos desenvolvendo e pesquisando o Direito em questões envolvendo biotecnologia e domínio da vida, é marcante no imaginário teórico jurídico brasileiro a influência do modelo principialista norte-americano.

4.2. A BUSCA PELO MODELO LATINO-AMERICANO

4.2.1. Introdução

Independentemente do posicionamento político, há um consenso dos pensadores latino-americanos sobre nossa condição diante dos problemas sociais, como o desemprego, a pobreza, a fome, a injustiça ou a exploração. Estamos sempre sujeitos a um processo constante de desumanização. O tema da identidade nacional ou regional está implícito nas obras de grande parte dos artistas do continente, e todos eles com uma característica em comum: apesar das diferenças étnicas, a vulnerabilidade nos une.

A literatura, por exemplo, a partir do modernismo, buscou "abrir os olhos da região". Prezando pela liberdade latino-americana, Octavio Paz, Gabriel Garcia Márquez, Mario Vargas Llosa, Julio Córtazar, Jorge Luis Borges, Juan Rulfo, Roberto Bolaño, Isabel Allende formulam propostas de unidade latino-americana. Peruanos, argentinos, colombianos, me-

NO (CON)FIM DA VIDA

xicanos, chilenos privilegiam não as particularidades culturais, mas o que há de comum a todos nós: a exploração e intervenção estrangeira. No entanto, muito antes deles, Tupac Amaru II, San Martín, Simón Bolívar, Inca Garcilaso de La Vega, Domingos Sarmiento, Castro Alves, Machado de Assis – e assim podemos seguir na história da fundação do caráter latino-americano – já defendiam com criticidade a nossa desvantagem político-social. Há séculos, cada um da sua forma, apontam para a fraqueza da região.

O maior intérprete disso é Gabriel Garcia Márquez, que, com seu lirismo, desenhou a misteriosa e surpreendente alma latino-americana. Em sua obra-prima, *Cem Anos de Solidão*, Márquez mostra que, no fundo, somos muito parecidos: vivemos em países periféricos, com metrópoles atrasadas, políticos megalomaníacos e uma imensa dificuldade para integrar componentes sociais.

"Muitos anos depois, diante do pelotão de fuzilamento, o Coronel Aureliano Buendía havia de recordar aquela tarde remota em que seu pai o levou para conhecer o gelo". Poucas frases ficaram tão fixadas no imaginário como esta. Em uma época marcada pela racionalidade, *Cem anos de solidão* nos devolve a esperança em um ser humano complexo que, a partir de suas múltiplas facetas lógicas e ilógicas, pode se reconstruir. Márquez ao apresentar elementos incomuns, como o encontro de Aureliano Buendía com o gelo, a morte de José Acárdio, os ciganos, a ascensão de Remédios, a morte em vida de Úrsula Iguarán, a chuva de quatro anos, não está reforçando a ideia de que a América Latina é mágica. Pelo contrário. Inverte a lógica de valores ao passar o insólito como normal e vice-versa, como uma maneira de tornar crível uma realidade quase ininteligível para as lógicas estrangeiras. Como muitos autores e autoras latino-americanos, Márquez enfrentou o problema de representar uma realidade que, diante de outros olhos, não é fácil de entender, e, muitas vezes, contribuiu para esclarecer as coordenadas históricas da América Latina. A nossa solidão é fruto do processo de um silenciamento pelo qual passamos e, como a cidade de Macondo, a América Latina está encarcerada em ciclos: passamos pela conquista europeia, pela luta pela independência, pela invasão norte-americana, pelas ditaduras militares. Foram séculos de resistência, repressões, governos neoliberais e populistas. Nossa história é ciclíca, como a estirpe dos Buendía.

4.2.2. Uma breve construção da realidade latino-americana – ou o porquê do realismo mágico

Esse tópico é uma livre apreciação do contexto latino-americano e de alguns fatos que demonstram a singularidade da região e os laços que unem seus diversos povos. Pretendemos, com isso, oferecer um quadro geral do contexto ao qual nos referimos quando falamos da América Latina e seu realismo mágico.

O ano de 1492 mudou os rumos do Ocidente. A partir daí, nosso valor à vida foi diminuído. Primeiro os europeus; depois, os norte-americanos. Desde então, vestimos esse traje e nos acostumamos com a realidade violenta e miserável que permeia nosso dia a dia. Seria quixotesco imaginar que a nossa História é objetiva. Neste continente, encontramos sobretudo mistérios em cima de mistérios. Foram inúmeros conflitos, guerras e golpes de Estado; pessoas perderam a vida de forma indigna, sem escolha e sem atendimento básico. Vivemos em Macondo. A vida vale pouco. Aqui, a morte não é ameaça, é companhia diária, fruto da violência, da miséria, da fila em hospitais, da falta de acesso à educação, das dívidas externas e internas. Aqui, a morte é quase a absolvição, "ainda assim, diante da opressão, do saqueio e do abandono, nossa resposta é a vida. Nem os dilúvios, nem as pestes, nem a fome, nem os cataclismos, nem mesmo as guerras eternas através dos séculos e séculos conseguiram reduzir a vantagem tenaz da vida sobre a morte" (MÁRQUEZ, 1982).

Dito isso, basear-nos-emos em fatos históricos e em dados estatísticos para dar fundo a nossa tese.

Em busca de uma nova rota de comércio, que evitasse a monopolização do Mar Mediterrâneo pelas cidades italianas de Gênova, Pisa e Veneza, Portugal deu início às expansões ultramarinas. No entanto, os reis da Espanha recém-unificada, Isabel e Fernando, financiaram a viagem de Cristovão Colombo às Índias por meio de uma nova rota. Colombo, assim, aportou em novas terras: nas Bahamas e, logo depois, em Cuba e em Santo Domingo, o que foi denominado, pela Espanha, "Descobrimento da América". Esse feito inseriu o país hispânico nos processos de expansão marítimo-comercial, que era dominado por Portugal. Para evitar conflitos militares entre as duas nações, o Papa Alexandre VI negociou os limites de exploração colonial. Inicialmente, Portugal buscava garantir o monopólio de exploração da costa africana, e Espanha queria legitimar as terras localizadas a Oeste. D. João II, contudo, em 1494, exigiu a revisão desse acordo inicial, que não satisfazia os interesses lusitanos, o que mostra que

NO (CON)FIM DA VIDA

Portugal já sabia da existência de terras ao sul do continente descoberto por Colombo. Pouco tempo depois, o tratado foi questionado por outras nações europeias, que iniciaram o processo de expansão marítima. Os franceses, por exemplo, promoveram navegações ao Brasil para demonstrar o não reconhecimento do acordo. Isso obrigou os países ibéricos a intensificarem o controle e a dominação sobre seus territórios. Começa aqui, de forma já excêntrica, a singular História da América Latina.

Alguns nomes se destacaram nesse primeiro momento.

Hernán Cortés chegou ao nosso continente em 1504. Francisco Pizarro, em 1513. Sem dúvida, são os nomes mais temidos e odiados no processo de colonização espanhola, dizimaram de forma cruel os povos Astecas, no México, e Inca, no Peru, respectivamente. Ambos, ainda, usaram a rivalidade entre as tribos indígenas locais para destruir as maiores civilizações do novo continente.

Cortés dominou a península de Yucatán e derrubou o Império Tlaxcala, que se uniu aos espanhóis para acabarem com o Império Asteca. Em poucos anos, os espanhóis não só destruíram Tenochtitlán (capital do governo asteca, atual Cidade do México) como prenderam e mataram seu imperador, Monctezuma. O mais assombroso é que Monctezuma acreditou que Hernán Cortés fosse o deus Quetzalcoatl, e não ofereceu resistência, ao contrário. Quando Cortés chegou à cidade asteca, o imperador presenteou-lhe, aceitou suas ordens e, inclusive, declarou-se súdito do rei espanhol Carlos I. Depois da dominação e do massacre dos indígenas, Cortés tornou-se governador-geral da nova Espanha, mas exerceu seu poder com tanta severidade que até mesmo a corte espanhola se preocupou com a ambição do conquistador. Em 1528, foi destituído do seu cargo.

Já Pizarro iniciou suas expedições para conquista Inca em 1531, e aproveitou uma disputa entre Huáscar e Atahualpa, os dois filhos do antigo imperador. O Império estava enfraquecido. Ao descobrir que Atahualpa venceu, Pizarro foi ao seu encontro e, assim como Cortés, foi recebido pacificamente. Contudo, o encontro logo se transformou em massacre. Com a negativa de conversão ao catolicismo, Pizarro dominou Atahualpa, prendeu-o[44] e ordenou

---

44 "Um dos tantos mistérios que nunca foram decifrados é o das onze mil mulas carregadas com cem libras de ouro cada uma, que um dia saíram de Cuzco para pagar o resgate de Atahualpa e nunca chegaram ao seu destino. Mais tarde, durante a colônia, em Cartagena das Índias eram vendidas umas galinhas criadas em terras de aluvião, em cujas moelas apareciam pedrinhas de ouro. Este delírio ao áureo de nossos fundadores nos perseguiu até há pouco tempo" (MÁRQUEZ, 1982).

a encenação de um julgamento que o condenou ao enforcamento. A morte do imperador resultou no colapso do Império Inca. Os espanhóis conquistaram a capital, Cuzco, e a cidade de Quito. Ainda assim, os Incas foram os povos mais resistentes do continente e, durante cerca de quatro décadas, o controle espanhol sobre a região sofreu inúmeras rebeliões.

No início do século XIX, usando como desculpa a invasão napoleônica à Espanha, a maior parte dos países hispano-americanos declarou independência (não sem antes travar inúmeras guerras com o Império Espanhol). Um pouco mais atrasado, em 1822, o Brasil iniciou seu processo. No entanto, "a independência do domínio espanhol não nos pôs a salvo da demência" (MÁRQUEZ, 1982). Peguemos emprestados os exemplos de Gabriel Garcia Márquez no seu discurso na Academia Sueca de Letras, ao receber o Prêmio Nobel de Literatura: o megalomaníaco Antonio López de Santana, três vezes ditador do México, enterrou, em funeral grandioso e cheio de honrarias, a perna direita que perdeu na chamada Guerra dos Bolos; o general Maximiliano Hernández Martínez, que ordenou o assassinato de 25 mil indígenas que se voltaram contra seu governo, inventou um pêndulo para averiguar se os alimentos a ele servidos estavam envenenados. Além disso, mandou cobrir de papel vermelho a iluminação pública para combater uma epidemia de escarlatina. Vê-se, assim, os primeiros inimigos internos. As matanças passaram à História.

Além das dominações europeias e das disputas de poder internas, outro gigante cruzou nosso caminho: Os EUA. Em 1846, reivindicando a perda do Texas, o México entra em guerra com o país anglo-saxão. Os americanos invadiram a Cidade do México, e devastaram o país. Não satisfeitos, fizeram os mexicanos assinarem o Tratado de Guadalupe Hidalgo. Nele, o país latino teve de ceder os estados da Califórnia, de Utah, do Arizona, de Wyoming e partes do Colorado aos Estados Unidos. Além disso, tiveram de pagar 15 milhões de dólares pela paz e mais 3 milhões em dívidas. Como sintetizou Porfírio Díaz: "Pobre México. Tão longe de Deus e tão perto dos Estados Unidos." Os mexicanos até hoje lutam contra os muros dos EUA.[45] Enquanto isso, as taxas de criminalidade só aumentam: o México está alcançando seu ponto mais crítico. Desde que começou a registrar as taxas de homicídios, elas nunca foram tão altas.

---

45   Mais recentemente: <https://brasil.elpais.com/brasil/2017/03/18/internacional/1489870092_560739.html>. Acesso em 13 jan. 2018.

NO (CON)FIM DA VIDA

Em 2017, houve um aumento de 18% em relação ao ano anterior. São mais de cem mil mortes e trinta mil desaparecimentos.[46]

Ao Sul, as disputas na Colômbia entre liberais e conservadores, a partir de 1946, foram marcadas por massacres – como também retratado por Gabriel Garcia Márquez em *Cem Anos de Solidão*. O período conhecido como "La Violencia" foi o mais simbólico, iniciado depois do assassinato do líder liberal e candidato à presidência Jorge Eliécer Gaitán. Durante uma década, ondas de agitação e violência percorreram o país: houve um conflito civil, bipartidário, de assassinato em massa e tortura. Se, para marcos históricos, esse período se encerrou em 1958, para os colombianos os frutos ainda são colhidos. As Forças Armadas Revolucionárias da Colômbia – Exército do Povo (FARCs) tiveram raízes nesse momento. Criadas, "oficialmente", em 1964, em mais de meio século de conflito civil somam-se mais de 260.000 mortos, dezenas de milhares de desaparecidos, quase sete milhões de pessoas tiveram de deixar suas casas à força, ocorreram estupros e sequestros, e inúmeras vidas foram marcadas para sempre.[47] Em outubro de 2016, essa angústia parecia chegar ao fim. Foi assinado um acordo de paz entre o governo e os guerrilheiros, sob respaldo unânime da comunidade internacional. Esse acordo, inclusive, deu ao Presidente colombiano, Juan Manuel Santos, o Nobel da Paz. A Colômbia estaria livre do conflito armado, bastava, apenas, a população referendar o acordo. Pouco se pode compreender racionalmente o comportamento da sociedade latino-americana sobre seu sistema político, mas tudo apontava para o fim da violência. No entanto, 50,2% da população decidiram pelo "não", o que não quer dizer que a população colombiana deseja o conflito, apenas mostrou que estamos despreparados para perdoar o passado e aceitar a paz futura. Talvez, a população colombiana esteja acostumada ao estado de guerra, o que não é diferente em outros países. No Brasil, por exemplo, nos habituamos com as atrocidades diárias.

Em 1959, o ditador apoiado pelos EUA, Fulgencio Batista, abandona Cuba, e consolida-se a Revolução Cubana, com a promessa de igualdade econômica. A palavra que define todos os líderes políticos latino-ameri-

---

46 Mais em: <http://www1.folha.uol.com.br/mundo/2017/08/1907431-cidade-se-torna-simbolo-da-crise-de-violencia-no-mexico.shtml>; <http://www1.folha.uol.com.br/mundo/2017/12/1945778-violencia-urbana-sai-do-controle-no-mexico.shtml>. Acesso em 13 jan. 2018.

47 Números em: <http://www.bbc.com/portuguese/brasil-37181620>. Acesso em 13 jan. 2018.

canos é "megalomania". Com Fidel não seria diferente. Seus discursos duravam 7 horas, sobreviveu a 11 mandatos eleitorais dos EUA e sofreu 638 tentativas de homicídio (número não oficial). O regime de Fidel dividiu o mundo em sua ideologia. Há aqueles que o admiram pela igualdade social, por proporcionar acesso à educação e a bons sistemas de saúde; e aqueles que o consideram um facínora, que carrega 5.775 mortes por fuzilamento, além de mortes extrajudiciais e desaparecimentos ligados ao governo.[48] O que não se pode negar é que o regime cubano inspirou um novo momento na América do Sul. Novos ideais propunham romper com a tradição de desigualdades sociais e o domínio imperialista. Para combater a "ameaça comunista", houve uma onda de golpes militares, que, de modo geral, foram extremamente violentos: mais de 120 mil desaparecidos (MÁRQUEZ, 1982).

Na Argentina, ocorreram seis golpes de estado de 1930 a 1976. Nos dois últimos, de 1966 e 1976, os militares estabeleceram regimes autoritários. Foram mais de 30 mil civis mortos, além das famosas mães de maio, que tiveram seus filhos desaparecidos ou mesmo arrancados de sua guarda.[49]

De 1º de abril de 1964 até 15 de março de 1985, foi instaurado o Regime Militar no Brasil. O governo brasileiro reconheceu responsabilidade do Estado pela morte de 216 pessoas e outras 140 desaparecidas.

No Chile, em 1973, os militares realizaram um golpe que resultou no assassinato do Presidente Salvador Allende. Sob a liderança de Augusto Pinochet, foram 80 mil presos, 30 mil torturados, 8 mil mortes e mais de 10% da população fugiu do país. Como tudo aqui é ironia, Augusto Pinochet, condenado por violação dos Direitos Humanos pela Comissão da ONU, faleceu no dia 10 de dezembro, Dia Internacional dos Direitos Humanos.

Em 1989, Argentina passou por eleições e elegeu Carlos Menem. Brasil elegeu Fernando Collor.

---

48 Veja mais em: <http://www.bbc.com/portuguese/internacional-38116466>. Acesso em 10 fev. 2018.

49 "Numerosas mulheres presas grávidas deram à luz em cárceres argentinos, mas ainda se ignora o paradeiro de seus filhos, que foram dados em adoção clandestina ou internados em orfanatos pelas autoridades militares." (MÁRQUEZ, 1982. Veja também *La Historia Oficial*, filme de Luis Puenzo, de 1985. Primeira produção argentina ganhadora do Oscar de melhor filme estrangeiro).

NO (CON)FIM DA VIDA

Menem assumiu o poder em meio a grave crise econômica na Argentina. Consegue controlar o caos econômico, no entanto, no campo social, segundo o jornal *La Nación*, cerca de mil pessoas foram levadas à condição de pobre por dia. Ainda, 250 mil pessoas passaram a ser indigentes. Em 1994, os pobres argentinos totalizavam 9,3 milhões de pessoas. Ainda assim, Menem foi reeleito para um segundo mandato, que, ao final, totalizou 13,4 milhões de pessoas na pobreza.[50]

Fernando Collor foi o primeiro presidente eleito por voto direto depois do Regime Militar. Foi também o primeiro presidente deposto por um processo de *impeachment*. Enquanto presidente Collor foi acusado de envolvimento em esquemas de corrupção, organizados pelo seu tesoureiro de campanha PC Farias. Ademais, o plano econômico de Collor gerou revolta na população. A ministra da economia da época, Zélia Cardoso, anunciou que, a partir de 16 de março de 1990, nenhum brasileiro poderia sacar mais de 50 mil cruzeiros da poupança ou conta-corrente. A poupança estava confiscada por 18 meses. Em julho de 1992, foi encontrada prova definitiva da ligação entre Collor e PC Farias: um cheque-fantasma usado pelo presidente para comprar um carro. No dia da votação do *impeachment* no Senado, Collor renunciou ao mandato. Mesmo assim, os senadores aprovaram o processo, suspendendo os direitos políticos por oito anos. PC Farias foi condenado pelo crime de falsidade ideológica. Personagem central das denúncias que levaram à queda de Collor, foi preso na Tailândia em 1993 por sonegação fiscal. Em 1996, PC Farias foi encontrado morto com a namorada, Suzana Marcolino. O caso é considerado oficialmente crime passional, mas promotores e peritos levantaram novas hipóteses, inclusive de que haveria uma terceira pessoa na cena do crime. Alguns seguranças de PC foram a julgamento, mas inocentados em júri popular em 2013. As contradições do caso são inúmeras. Collor foi eleito senador pelo Estado do Alagoas em 2006 e foi pré-candidato à presidência nas eleições de 2018.[51]

---

50 Dados retirados de: <http://www.educacaopublica.rj.gov.br/biblioteca/cienciassociais/0015.html>. Acesso em 11 fev. 2018.

51 Mais em: <http://politica.estadao.com.br/noticias/geral,collor-anuncia-que-e-pre-candidato-a-presidencia-da-republica,70002157489>. Acesso em 10 fev. 2018.

O Paraguai, não diferente dos outros países latino-americanos, foi marcado pela "dramática singularidade"[52] dos acontecimentos. Em 1846, ocorreu a guerra do Paraguai, conflito financiado pela Inglaterra, que terminou com um saldo de 300 mil mortos, cerca de 20% da população do Paraguai, além de uma economia totalmente arruinada – não apenas do Paraguai, mas também do Brasil, que teve gastos de guerra elevados. Ao longo dos anos, o país ganhou fama de sonegador de impostos e de "terra sem lei", com um forte histórico de instabilidade política. Em 2003, o presidente Luiz González escapou de um processo de *impeachment* por desvio de dinheiro e compra de carros de luxo roubados do Brasil. Em 2012, Fernando Lugo, eleito com 41% dos votos e rompendo com a hegemonia de 60 anos do Partido Colorado, sofreu um processo "relâmpago de impeachment". Lugo, que era conhecido como bispo dos pobres por seu histórico de liderança social quando estava ligado à Igreja Católica, assumiu a presidência com amplo apoio, mas logo perdeu aliados e acabou sofrendo um controverso processo de *impeachment* depois de um conflito agrário, sob acusação de não exercer sua função devidamente. O *impeachment* foi condenado por muitos, pois não havia concretude nas acusações e o tempo de defesa foi de apenas duas horas, ferindo o devido processo legal e o amplo direito à defesa.[53]

Os escândalos envolvendo a política brasileira ganharam notoriedade com a "Operação Lava Jato", da Polícia Federal, considerada a maior investigação de corrupção e lavagem de dinheiro que o Brasil já teve. Estima-se que o volume de recursos desviados dos cofres da Petrobras, maior estatal do país, esteja na casa de bilhões de reais. Soma-se a isso a expressão econômica e política dos suspeitos de participar do esquema de corrupção que envolve a estatal.[54] A "Operação Lava Jato" estendeu-se a outros setores e emitiu, até o momento, 97 mandatos de prisão preventiva e 104 de prisão temporária. Foram, aproximadamente, 650 procedimentos de quebra de sigilo fiscal e bancário; 350 quebras de sigilo telefônico e 12,5 trilhões de reais analisados em operações financeiras investigadas

---

52   A expressão é utilizada para expressar os fatos narrados em *El reino de este mundo* (1949), de Alejo Carpentier.

53   Dados retirados de: <https://noticias.uol.com.br/internacional/ultimas-noticias/2012/06/22/entenda-a-crise-que-levou-a-destituicao-do-presidente-lugo-no-paraguai.htm#fotoNav=54>. Acesso em 14 jan. 2018.

54   Retirado de: <http://www.mpf.mp.br/para-o-cidadao/caso-lava-jato/entenda-o-caso>. Acesso em 14 jan. 2018.

NO (CON)FIM DA VIDA

(mais que o PIB do país no ano de 2016, ápice da investigação).[55] "*Tá difícil competir*" – essa foi a frase postada no *Twitter* da série da Netflix *House of Cards*, na noite de 17 de maio de 2017, depois de mais denúncias envolvendo grandes nomes do cenário político brasileiro em casos de corrupção, compra de votos, encontros indevidos etc.

Nosso realismo mágico não estaria completo sem a Venezuela. Hugo Chávez foi eleito presidente pela primeira vez em 1998, assumindo em 1999. Crítico do neoliberalismo, tinha um posicionamento político que denominava "bolivarianista", ou o socialismo do século XXI. Desenvolveu políticas de inclusão social e transferência de renda, obtendo uma enorme popularidade no país. Durante a era Chávez, a pobreza entre os venezuelanos caiu de 49,4%, em 1999, para 27,8%, em 2010.[56] Chávez também foi vítima de um golpe de Estado em 2002, mas voltou ao poder três dias depois. No final daquele mesmo ano, a população foi chamada a opinar sobre permanência de Chávez na presidência. Chávez venceu sem dificuldade e ampliou sua base política, apesar do amplo apoio, passou a monopolizar o poder e nomear aliados para o Superior Tribunal de Justiça venezuelano. Havia quem o acusasse de perseguir adversários políticos e de autoritarismo. Hugo Chávez foi duramente criticado pela imprensa e adotou uma postura desafiante em relação aos EUA; no entanto, tinha ampla simpatia do povo venezuelano. Em 2006, novas eleições, consideradas legítimas, mantiveram Chávez no poder. Em 5 de março de 2013, é anunciada a morte de Hugo Chávez pelo vice-presidente Nicolás Maduro, em decorrência de um câncer na região pélvica. Maduro assume após eleições, ainda como reflexo da aprovação de Chávez. Contudo, desde 2014, a Venezuela passa por grave crise política e econômica, sofre com falta de alimentos, inúmeras manifestações repreendidas pelo governo e condições precárias em hospitais. Está em absoluto colapso social, com filas enormes para compra de produtos básicos e multidões iradas saqueando mercados. As notícias ruins vindas do país não são novidades, mas os dados de crianças que morrem de fome são especialmente tristes. É o drama vivido por milhares enquanto o presidente se mantém impassível, preocupado apenas com a adoção de medidas destinadas a se perpetuar no poder. O jornal *The New York Times* descreve a situação velada pelo governo: os médicos de alguns hospitais públicos foram proibidos de

---

55 Dados retirados de: <http://www.pf.gov.br/imprensa/lava-jato/numeros-da-operacao-lava-jato>. Acesso em 14 jan. 2018.

56 Dados retirados de: <https://www.cepal.org/prensa/noticias/comunicados/0/48460/tabla-pobreza-indigencia-pt.pdf>. Acesso em 14 jan. 2018.

diagnosticar desnutrição. Maduro admitiu a escassez de alimentos no país, mas se recusou a aceitar ajuda internacional. Nesse ínterim, em 2016, morreram 11.446 crianças com menos de 1 ano de idade. Em 2017, foram registrados 2,8 mil casos de desnutrição infantil. A taxa de mortalidade de crianças com menos de quatro semanas aumentou 100 vezes entre 2012 e 2015. Meninos formam gangues para procurar restos de alimentos e, muitas vezes, têm marcas de facadas por brigas pelos alimentos. Adultos fazem filas diante de latas de lixo para aproveitarem os restos. O final do problema não parece estar próximo: o FMI prevê que a inflação ultrapassará 2.300% e teme-se que o governo continue rejeitando ajuda internacional.[57] A ilusão quixotesca – que parece nos mover todos os dias – de que "Todas estas borrascas que nos afetam são sinais de que logo o tempo vai se acalmar e hão de acontecer coisas boas, porque não é possível que nem o mal, nem o bem sejam duráveis, donde se conclui que, o mal tendo durado muito, o bem já está próximo!" (CERVANTES, cap. XVIII) parece não estar perto da Venezuela.

Podemos citar, ainda, os mais de 60 mil mortos em El Salvador, num confronto que envolveu ditaduras da direita e guerrilhas da esquerda de 1980 a 1992;[58] o Haiti, que vive sob intervenção da ONU desde 2004; a população carcerária brasileira, que é a terceira maior do mundo, com 726.712 mil presos em condições vexatórias (recentemente, a então presidente do STF, Ministra Cármen Lúcia, optou por não visitar um presídio na cidade de Aparecida de Goiânia por falta de segurança – o presídio foi palco de vários motins, em um deles nove presos foram mortos. Cabe citar também o presídio de Pedrinhas, em São Luís do Maranhão, e o massacre do Carandiru, em 1992); o perdão ao ex-presidente do Peru, Alberto Fujimori (e a quase eleição de sua filha, Keiko Fujimori),[59] que violou direitos humanos, dissolveu o Congresso, interveio no Poder

---

57 Veja mais em: <http://www1.folha.uol.com.br/mundo/2017/12/1944435-enquanto-venezuela-entra-em-colapso-as-criancas-estao-morrendo-de-fome.shtml>, e em: <http://opiniao.estadao.com.br/noticias/geral,a-fome-na-venezuela,70002124681>. Acesso em 14 jan. 2018.

58 Mais em: <http://acervo.oglobo.globo.com/em-destaque/guerra-civil-de-el-salvador-deixou-mais-de-60-mil-mortos-entre-1980-1992-20758761>. Acesso em 14 jan. 2018.

59 Mario Vargas Llosa, que disputou as eleições com Alberto Fujimori em 1990 (e não foi eleito porque a população peruana o considerava elitista), assim definiu o perdão do Governo peruano: "A traição de Kuczynski [atual presidente] permitirá que o fujimorismo se converta no verdadeiro governo do país."

NO (CON)FIM DA VIDA

Judiciário e manipulou meios de comunicação; as investigações contra o também ex-presidente do Peru, Alan Garcia, por supervalorização de obras; os 12 anos de kirchnerismo, na Argentina, além de tantos outros fatos que fazem nossa realidade ser algo descomunal e determinam cada instante de nossas vidas, e, principalmente, determinam nossas mortes. Vivemos o desafio diário e solitário de transformarmos nossas vidas em algo acreditável, em que não se precise contar com a sorte para que nossa estirpe continue existindo. Vivemos uma utopia arrasadora, em que sonhamos o sonho de Márquez (1982):

> ninguém pode decidir pelos outros a forma de morrer [ou de viver], onde de verdade seja certo o amor e seja possível a felicidade, e onde as estirpes condenadas a cem anos de solidão tenham, enfim e para sempre, uma segunda oportunidade sobre a terra.

4.2.3. A busca de modelos de Bioética latino-americana

Qual a necessidade de buscar modelos de Bioética latino-americana? Essa é uma pergunta necessária em tempos de grande influência de modelos estrangeiros sobre a fundamentação de compreensão e resolução de problemas que acontecem aqui – muitas vezes exclusivamente aqui.

Veja-se, por exemplo, que, usualmente, se analisam os dilemas éticos da morte em três momentos: eutanásia, quando se questiona sobre a antecipação da morte; ortotanásia, quando se questiona sobre o momento correto da morte; e, por fim, distanásia, quando se questiona até quando prolongar a vida. Esses três momentos éticos da morte existem também nos contextos de países europeus e norte-americanos. Todavia, em nossa realidade, uma quarta situação foi bem descrita pelo professor Márcio Fabri dos Anjos: a mistanásia.

No âmbito da reflexão Bioética brasileira, o termo foi cunhado em 1989, num artigo publicado no *Boletim ICAPS* – Instituto Camiliano de Pastoral da Saúde (1989, p. 6), intitulado Eutanásia em chave de libertação. O neologismo provém dos termos gregos *mys* (infeliz) e *thanathos* (morte), que indica morte infeliz, miserável e evitável. Trata-se da vida indevidamente abreviada de muitos, seja por causa da pobreza, da falta de infraestrutura, da falta de conhecimento técnico das equipes de saúde, das condições mínimas de se ter uma vida digna, entre outras causas, como violência social, familiar etc.

Notemos que, para a realidade brasileira (e latino-americana), um novo momento ético na morte foi desvelado, um momento no qual as discussões habituais não dedicavam a devida atenção, tampouco os modelos hermenêuticos da Bioética não teriam instrumentais para analisar a complexidade.

Com efeito, alguns teóricos valiam-se de modelos estrangeiros e analisavam a situação da mistanásia como eutanásia social, o que é uma contradição por si só, afinal, como uma "boa morte" feita pela sociedade pode ser infeliz?

Isso remete à nossa pergunta inicial: qual a necessidade de buscar modelos latino-americanos de Bioética?

A primeira resposta possível seria porque temos suportes fáticos para os quais os modelos de outras regiões não têm qualquer previsibilidade, pois são fatos que nos são particulares, não compartilhados pelas experiências de tais regiões.

Outra resposta possível seria porque as bases axiológicas são diferentes, seja pelo fator histórico, seja pelo contexto socioeconômico. Ou seja, historicamente tivemos uma construção marcada pela desigualdade, que resulta em contextos de vulnerabilidades, conjunturas que são diversas dos modelos que normalmente são importados para a Bioética.

Cada vez mais tomamos a consciência de que a América Latina está ultrapassando os marcos geopolíticos e aproximando-se. O *boom* latino-americano, como mencionamos na introdução, foi a maior representação da busca por uma identidade regional. Pela primeira vez, a atenção do mundo voltou-se para a história e para a política do continente (na década de 1960, a Revolução Cubana foi a grande responsável por isso).

O lirismo latino-americano, apesar de parecer mitológico, é sobre a realidade, sobre a presença da morte em vida. Assim como Gabriel Garcia Márquez – ao apresentar elementos incomuns, como o encontro de Aureliano Buendía com o gelo, a morte de José Acárdio, os ciganos, a ascensão de Remédios, a morte em vida de Úrsula Iguarán, a chuva de quatro anos – não está reforçando a ideia de que a América Latina é mágica, pelo contrário: está invertendo o sistema de valores, ao passar o insólito como normal e vice-versa, como uma maneira de tornar crível uma realidade quase ininteligível para as lógicas estrangeiras, Juan Rulfo, em *Pedro Páramo* (1955), representa bem o nosso cotidiano. Rulfo é intensamente sensível a terra, aos seus frutos, à sua gente. Comala, cidade fantasma de *Pedro Páramo*, é a América Latina: "[ela] cheira a mel derramado" (RULFO, 2008). Preciado, personagem central do romance, é vencido pelo medo dos sussurros sobrenaturais que se infiltram pelas

NO (CON)FIM DA VIDA

paredes da praça da cidade. O leitor gradualmente percebe que todos os personagens do romance estão mortos. O autor enquadra uma realidade em vez de simplesmente descrevê-la. "Você já ouviu o gemido dos mortos?" (2008), pergunta uma anciã a Preciado – todos os dias escutamos os gemidos dos mortos na América Latina. Ler Rulfo é ouvir os ecos da nossa sociedade, é escutar a violência, as arbitrariedades, a força do Estado. É ouvir que a morte é arbitrária em nosso continente e faz parte da nossa condição na humanidade.

Darcy Ribeiro percebeu tais questões e propôs a pergunta provocativa: "A América Latina existe?", que corresponde ao título de um dos escritos produzidos em 1976. O antropólogo discorre sobre o processo histórico e analisa as consequências do violento empreendimento colonial que implicou a dominação econômica dos povos do continente e elementos sociopolíticos que ocasionaram no realismo mágico: "A América Latina existiu desde sempre sob o signo da utopia. Estou convencido mesmo de que a utopia tem seu sítio e lugar. É aqui." (RIBEIRO, 2010, p. 45).[60]

Ainda que a América Latina tenha passado por um processo de autodescoberta de identidade, a dominação epistêmica infligiu longo período de submissão do pensamento latino-americano às doutrinas epistemológicas produzidas nos países do Norte. O reconhecimento de uma identidade latino-americana é incompatível com tal dominação epistêmica, e implica nisso a pergunta: há um pensamento latino-americano autêntico?

A década de 1950 será rica na procura dessa resposta. Nessa década, o "desenvolvimento" latino-americano aprofundou as desigualdades ao promover internamente a concentração de riqueza, ao ampliar os índices de pobreza e miséria e ao reforçar a posição geopolítica dos Estados Unidos sobre os países da América Latina.

Se, de um lado, a execução da política desenvolvimentista ocorreu concomitantemente ao estabelecimento dos regimes totalitários decorrentes de golpes contrários ao movimento democrático, da mesma maneira o triunfo da Revolução Cubana e o aparecimento dos movimentos de libertação alimentavam as utopias extremas.

---

60 Outro latino-americano, argentino, que lutou contra as injustiças no continente disse: "A utopia está lá no horizonte. Me aproximo dois passos, ela se afasta dois passos. Caminho dez passos e o horizonte corre dez passos. Por mais que eu caminhe, jamais alcançarei. Para que serve a utopia? Serve para isso: para que eu não deixe de caminhar." (Fernando Birri, cineasta argentino, falecido em dezembro de 2007, pai do "novo cinema latino-americano").

Surgem nessa fase alguns traços do pensamento latino-americano, entre os quais podemos citar três propostas: a teoria da dependência, tendo como autores expressivos Celso Furtado, Raúl Prebish e Theotônio dos Santos; a pedagogia do oprimido, de Paulo Freire; e a teologia da libertação, em que se destacam, inicialmente, os teólogos Gustavo Gutiérrez e Leonardo Boff (FEITOSA; NASCIMENTO, 2015, p. 279).

Essas três propostas atuaram em diferentes campos do conhecimento e inauguraram um processo de insurgência epistêmica latino-americana. Esse movimento repercutirá melhor na década de 1990 com o pensamento descolonial, cujo marco se reporta à teoria da colonialidade do poder, elaborada pelo sociólogo peruano Aníbal Quijano,[61] e é endossada por Raúl Zibechi (2015) como uma releitura da teoria crítica pela América Latina. Nesse sentido, o autor considera que se deve compreender que a teoria crítica foi elaborada na "zona do ser", e que não se pode automaticamente aplicá-la à "zona do não ser", em que estariam, por exemplo, milhões de latino-americanos. Seguindo a compreensão de que o "complexo de inferioridade" do colonizado e sua desumanização resulta da violência que o opressor interioriza na cultura, Zibechi deixa claro que a libertação não significa apenas a expropriação dos expropriadores, mas a efetiva superação do complexo de inferioridade que sofre o colonizado. Nas palavras dele, "De qué sirve la revolución si el pueblo triunfante se limita a reproducir el orden colonial, una sociedad de dominantes y dominados?" (ZIBECHI, 2015, p. 20).

Também é na mesma década de 1990 que a Bioética passa por uma recriação na América Latina, representando a terceira etapa de uma evolução que começou em 1970, com o enxerto da ciência por diversos países latino-americanos aos moldes norte-americanos. Essa recepção aconteceu inicialmente na Argentina, criando o primeiro programa ibero-americano de Bioética no Instituto de Humanidades Médicas da Fundação José María Mainetti. Nessa década, a recepção da Bioética por meio da análise das ciências humanas em medicina representou uma atitude crítica na reflexão dos valores ocultos na prática médica.

A segunda fase da Bioética ocorreu nos anos 1980, marcada pela assimilação da Bioética com a institucionalização do discurso Bioético em toda a região, embora seguindo o modelo norte-americano. A restauração da democracia em diversos países, bem como a chegada de novas tecnologias médicas, como o transplante, a reprodução assistida e os cuidados

---

61 Cf., entre outros textos, Quijano, 1977; 1981; 1988a e 1988b.

paliativos, fez o interesse público, político e acadêmico pela Bioética (MAINETTI; PEREZ, 2007, p. 38). É possível que a assimilação também tenha acontecido por dois motivos: a busca pela humanização da medicina como interferência do movimento constitucionalista pós-redemocratização na medicina, bem como o aumento dos litígios por erro médico e a renovação do interesse pela filosofia moral e política (LOLAS, 2000).

A terceira fase, como dizíamos, acontece justamente na mesma década em que ganha força o pensamento descolonial na América Latina na década de 1990. Também na Bioética se vê o movimento de descolonização se manifestar, recriando-se a si mesma de uma maneira que incorpora tradições intelectuais e morais extraídas da própria cultura latina. Na maioria dos países, pode-se descrever elementos organizados do discurso Bioético na academia, na clínica e na saúde pública. Ao passo que cada país desenvolve sua própria cultura em Bioética, também são realizados encontros regionais que promovem a troca de conhecimentos e experiências, num intercâmbio que fomenta a criação de um pensamento Bioético comum à América Latina.

Dentro dessa recriação, algumas características podem der apontadas. A primeira está no aspecto global da Bioética, que ressignifica o *bios* tecnológico e o *ethos* liberal da Bioética norte-americana para o *bios* humano e um *ethos* comunitário (MAINETTI, PEREZ, 2007, p. 41). Disso, destaca-se a segunda característica da Bioética latino-americana: ela possui um caráter mais político e de intervenções social e pública do que uma matéria acadêmica de suporte à tomada de decisão em questões clínicas de cuidado da saúde. Para Mainetti e Perez, o papel central que a autonomia tem na Bioética norte-americana é ocupado pela solidariedade e pela justiça na Bioética latino-americana, de tal modo a orientar as políticas de saúde que abrangem o acesso universal aos cuidados de saúde e acentuando a justiça e a equidade distributiva na alocação de recursos de saúde (MAINETTI, PEREZ, 2007, p. 42).

Quer-nos parecer que, mais que a solidariedade e a justiça, o elemento que marca a Bioética latino-americana é a vulnerabilidade. Isso porque a desigualdade social e a desvalorização da vida, elementos característicos a toda América Latina, fazem que a preocupação com o *quantum* vulnerável de cada indivíduo e cada coletivo seja o ponto do qual emergem os fatores da solidariedade e da justiça. Ou seja, a solidariedade e a justiça só se manifestam na Bioética latino-americana porque decorrem da preocupação com a vulnerabilidade que é imanente a toda condição Bioética que se analisa na América Latina.

Acerca da vulnerabilidade, deter-nos-emos melhor no próximo tópico. Por ora, cumpre dizer que a terceira etapa da Bioética na América Latina propiciou uma nova fundamentação das bases conceituais da Bioética com um viés latino-americano (GARRAFA, KOTTOW, SAADA, 2006). Essa nova base conceitual fez surgirem algumas propostas de modelos. Entre eles, mencionaremos dois modelos brasileiros que atraíram a atenção dos pesquisadores jurídicos, pois são os poucos utilizados além do principiologismo norte-americano.

O primeiro deles é o da Bioética complexa, formulada pelo professor José Roberto Goldim (2009, p. 58-63), que é uma abordagem abrangente na resolução de problemas que envolvem a vida e o viver. Esse modelo explicativo amplia o leque de recursos hermenêuticos utilizando diferentes referenciais teóricos, princípios, direitos, virtudes e alteridade, de forma integradora. A Bioética complexa é uma proposta de abordagem em que a ética se insere na realidade, e não apenas a ela se aplica.

A proposta do professor Goldim possui duas etapas. A primeira é a identificação do problema e sua complexidade, e a segunda é a análise dos recursos teóricos disponíveis para o problema. Na primeira parte, com a identificação do problema, o autor reconhece o aspecto casuístico da Bioética, que parte de problemas e acaba por refletir sobre situações de complexidade sempre crescente. Já na segunda etapa, o importante é identificar as alternativas e suas respectivas consequências, devendo ser incluídos os referenciais teóricos e os casos já ocorridos relacionados ao problema.

Na Bioética complexa, também a utilização de experiências e vivências prévias são passíveis de discussão racional. Ou seja, faz parte do arcabouço teórico a consideração dos costumes decisórios como forma de manter a integridade e a coerência das decisões – uma decisão irá, inevitavelmente, dialogar com as demais que já foram dadas e, por sua vez, também servirá de referência para decisões futuras. Essa postura representa um elemento pouco utilizado nos modelos de Bioética: a coerência das decisões, já que o casuísmo pode implicar relativismo insanável. Com isso, Goldim acrescenta historicidade e consuetudinariedade nas decisões em Bioética.

A Bioética complexa também leva em consideração outros dois componentes não racionais: os sistemas de crenças e valores e a afetividade. A inclusão dos sistemas de crenças e da afetividade permite avaliar de forma mais ampla o processo de tomada de decisão. Para o professor, os sistemas de crenças lidam no presente simultaneamente com o passado e o futuro, uma vez que as tradições são um presente histórico, pois se

NO (CON)FIM DA VIDA

baseiam na memória, na contínua restauração de crenças e de condutas. Ou seja, se a consideração pelas decisões que possuem afinidade ao tema analisado representa a manifestação de racionalidade quanto aos elementos de historiciedade e consuetudinariedade, a consideração pelas crenças e condutas dão espaço à manifestação não racional dos mesmos elementos, refletindo a cultura e a base axiológica de um determinado tempo, construído também historicamente.

Assim, ocorre uma interface entre múltiplas disciplinas e conhecimentos, implicando melhores e mais profundas reflexões sobre os temas e problemas tratados, de modo que a abordagem complexa da Bioética permite reconhecer a coerência entre a identidade e a diferença dos múltiplos aspectos da questão (GOLDIM, 2012. p. 31).

O que há de novo nesse modelo não é a proposta em si, mas o ecletismo, o sincretismo e a formulação estruturada de diversos outros modelos e formas de conhecimentos.

Outro modelo brasileiro formulado nesse contexto é o da Bioética da Intervenção, desenvolvida inicialmente pelo professor Volnei Garrafa:

> 1) A restrição à concepção original Potteriana ao âmbito biomédico; 2) Não passariam de uma lista de valores a serem aplicados à prática; 3) O modelo principialista não passa de construção "ad hoc" sem qualquer ordem sistematizada; 4) Os princípios com frequência competem entre si; 5) A teoria seria insuficiente para a análise contextualizada de conflitos que exijam flexibilidade para uma determinada adequação sociocultural; 6) A teoria seria insuficiente para analisar os macroproblemas bioéticos persistentes e emergentes enfrentados por grande parte da população de países com significativos índices de exclusão social; 7) Maximização da autonomia em relação aos demais princípios *prima facies*; 8) Categorias como responsabilidade, cuidado, solidariedade, comprometimento, alteridade e tolerância ficariam de fora, além dos 4Ps: prudência (diante dos avanços), prevenção (de possíveis danos), precaução (frente ao desconhecido) e proteção (dos excluídos e dos mais vulneráveis) também não seriam contemplados pela teoria (GARRAFA, 2005, p. 130).

Ao formular a Bioética da Intervenção, Garrafa ocupa-se em preencher a lacuna do Principialismo e relacionar o discurso Bioético a questões sociais, econômicas, culturais e de saúde púbica. Em um de seus textos em coautoria, Garrafa (FAGUNDES; DINIZ; GARRAFA, 2009) assinala que esta vertente tem como base o utilitarismo, por defender o ponto de vista de questões sanitárias adequadas para atender o maior número possível de pessoas pelo maior tempo e com as melhores consequências.

Essa proposta romperia com o modelo hegemônico e individualista de uma visão hospitalocêntrica convergente com a Bioética principialista para alterar para um modelo de intervenção na medida em que lida com a totalidade do contexto social que o indivíduo doente se insere, uma vez que a Bioética da Intervenção defende a ideia de que a doença é socialmente produzida em razão de circunstâncias históricas e culturais da vida social do indivíduo com o ambiente em que se encontra (GARRAFA; PORTO, 2005, p. 111).

Nesse sentido, a Bioética da Intervenção defende que o corpo é a materialização da pessoa, e seus aspectos físicos e psíquicos estão intimamente ligados às relações sociais e ao meio ambiente. Assim, o corpo individual está relacionado ao corpo social, e a "escolha da corporeidade como marco das intervenções éticas se deve ao fato de o corpo físico ser inequivocadamente a estrutura que sustém a vida social, em toda e qualquer sociedade" (GARRAFA; PORTO, 2005, p. 116).

Para resolver conflitos éticos cotidianos, a Bioética da Intervenção incorpora novas categorias, tais como responsabilidade, cuidado, solidariedade, comprometimento, tolerância, precaução, prevenção e proteção. (GARRAFA, 2005, p. 122-32). De acordo com Porto, a Bioética de Intervenção pode ser tomada como "base ética para um modelo abstrato e imaginário de sociedade ideal" (2012, p. 110).

O conceito de Bioética da Intervenção é relativamente recente, se considerarmos que foi apresentada em 1998, no *IV Congresso Argentino de Bioética* por Volnei Garrafa, quando ainda a denominava "Bioética dura", mas passou a contar com considerável repertório teórico devido à contribuição de adeptos da proposta (FEITOSA; NASCIMENTO, 2015, p. 281).

Parece-nos que a grande inovação da Bioética da Intervenção se encontra na percepção de que a Bioética não consiste apenas num elemento de saber prático quando fomenta o auxílio de tomada de decisões difíceis envolvendo biotecnologia, tampouco no elemento acadêmico-científico de compreender um suporte fático complexo. Todos os modelos atuavam nos dois âmbitos – interpretação e decisão. A grande diferença da Bioética da Intervenção está no elemento participativo de políticas públicas, propiciando um novo debate na criação de alterações sociais (GARRAFA, 2004, p. 138).

Com efeito, as ações humanas têm uma dimensão pragmática, no sentido de buscar respostas a uma necessidade ou a um problema, isto é, a solução de um caso ou um resultado. Trata-se da dimensão imediata, para a qual é necessário bom-senso e sabedoria prática para indicar os meios mais adequa-

NO (CON)FIM DA VIDA

dos para se chegar ao fim pretendido, de modo que a casuística responde a essa perspectiva, que acontece nos comitês. No entanto, as ações humanas também têm uma dimensão simbólica, na medida em que constroem significados baseados em referenciais culturais e transmitem mensagens de valores, que muitas vezes não são claras à primeira vista, de modo que a Bioética hermenêutica vem complementar a abordagem casuística. Nesse contexto, José Roque Junges observa que o início da vida humana é uma realidade relacionada a profundos referenciais simbólicos, de modo que recomenda uma perspectiva hermenêutica que explicite os respectivos pressupostos e referenciais. A hermenêutica encontra-se inserida principalmente no ensino e na pesquisa acadêmicos, nos seminários semestrais ou anuais de estudo dos comitês de ética para discutir questões que a premência das reuniões periódicas não possibilita e nas comissões nacionais ao promover debates sobre os referenciais simbólicos presentes nas demandas (JUNGES, 2006, p. 12-13).

Para construir a Bioética hermenêutica, Junges preconiza que não são suficientes os procedimentos de interdisciplinaridade e multidisciplinaridade, sendo necessária uma visão transdisciplinar. A transdisciplinaridade realiza uma "reflexão que passa através das disciplinas e vai além, colocando questões e levantando perguntas que transcendem a ciência e a cultura". Desse modo, parte-se do fato de que existem diferentes níveis de realidade e, respectivamente, diferentes formas de percepção, mostrando que tanto o objeto como o sujeito são transdisciplinares (JUNGES, 2004, p. 31).

4.2.4. A vulnerabilidade como elemento definidor da Bioética latino-americana

Ao analisar a formulação das características atribuídas à Bioética latino-americana, atribuímos à mudança do *bios* tecnológico e do *ethos* liberal da Bioética norte-americana para o *bios* humano e um *ethos* comunitário como fundamento do caráter mais político e de intervenções social e pública do que uma matéria acadêmica de suporte a tomada de decisões em questões clínicas de cuidado da saúde. Nesse sentido, José Alberto Mainetti e Marta Lucia Perez (2007, p. 42) analisam que, nessa mudança, há uma troca do papel central que a autonomia tem na Bioética norte-americana pela solidariedade e pela justiça na Bioética latino-americana.

Parece-nos que, se solidariedade e justiça são caracterizadas como elementos marcantes de uma Bioética latino-americana, é porque por trás desses dois elementos está a vulnerabilidade. Por existir uma preocupação com a vulnerabilidade é que podemos observar a justiça e a solidariedade como características.

A vulnerabilidade não é um novo princípio, ou um valor, ou um referencial da Bioética latino-americana, em suas mais variadas formulações, mas, sim, uma condição inerente aos casos analisados. Não importa o modelo hermenêutico adotado, essa condição estará presente e precisará ser percebida como forma de atender à solidariedade, à justiça e até mesmo à autonomia, que é o cerne das grandes discussões da Bioética em nossos tempos. Como bem demonstra o professor Márcio Fabri dos Anjos (2006, p. 173), não é possível analisar qualquer situação de autonomia em Bioética pelo viés latino-americano sem ponderar a vulnerabilidade, pois, no nosso contexto, a autonomia é compreendida dialeticamente, cujo outro braço seria a vulnerabilidade.

Para melhor compreender o que se quer dizer com vulnerabilidade, precisamos antes retomar que o termo decorre do latim *vulnus*, que significa ferida. Vulnerável, portanto, seria aquele que pode ser ferido, que está suscetível, que é fraco, desprotegido. Não significa que efetivamente esteja ferido, mas a *possibilidade de*. Assim, quando se menciona a vulnerabilidade do contexto latino-americano, estamos pensando que a desigualdade historicamente construída e a desvalorização da vida pode implicar uma ferida invisível da existência, capaz de gerar as situações mais cínicas ao se propiciar autonomia sem dar condições de efetivamente fruí-la.

É possível compreender a condição da vulnerabilidade na América Latina por uma perspectiva histórica. Nela, é possível remeter a algumas releituras feitas do processo de colonização que alterou todo o rumo histórico e cultural do continente.

Uma dessas releituras se deu na mudança da primeira para a segunda metade do século XIX. Na primeira metade, a ideia de uma identidade latino-americana dava-se pela influência francesa nas elites criollas, apresentando uma forma de pensamento europeizada, que deixava de lado tanto os povos originários do próprio continente quanto os descendentes africanos – que pertenciam a outras cosmologias, e que passam a ser ocultadas na narrativa da "latinidade". O que se tem, nesse momento, é uma reinvenção da Europa como modelo para a América, o que acabou mantendo enraizado o colonialismo interno na cultura desenvolvida a partir de então. Já na segunda metade do século XIX, eclode-se um processo em gestação que vem desde o século XVI, com o surgimento de um barroco crítico, não oficial, que expressava a posição crítica das elites criollas à margem do sistema colonial, construindo um campo para encontrar a ideia de latinidade. Essa ideia dá lugar à procura de uma

Henderson Fürst

NO (CON)FIM DA VIDA

identidade que substitui o conceito da identidade hispano-americana (MIGNOLO, 2007, p. 75).

Embora tenha possibilitado uma compreensão da identidade latino-americana, o processo teria levado também à substituição de um *ethos* crítico barroco para um *ethos* latino-americano acrítico em relação à história colonial. É por isso que, posteriormente, no século XX, o questionamento de colonizante surge com a preocupação de realizar a quebra epistemológica para encontrar o genuíno pensamento latino-americano, buscando as interferências da colonização num processo crítico da própria construção de identidade atual, ao qual muitos chamarão de *feridas históricas* – que poderiam ser também identificadas com outros termos, como *as veias abertas*. A essas feridas é que podemos atribuir a origem da vulnerabilidade, ou a possibilidade de se estar ferido. Ainda que as décadas seguintes possam ter possibilitado pessoas plenamente autônomas, ainda existem aqueles que podem estar feridos do processo colonizatório.

Outra possibilidade de se compreender a vulnerabilidade latino-americana é pelo elemento antropológico. Nesse sentido, retomamos a abordagem feita pelo professor Márcio Fabri dos Anjos (2006, p. 174), que demonstra o contexto sociocultural da vulnerabilidade, apontando que, por qualquer razão que seja, a vulnerabilidade é presente, hoje, no modo de vida, nos dados de desenvolvimento, na concentração de renda, ou mesmo na possibilidade de realização do conceito kantiano de autonomia – especialmente se comparado ao modo como efetivado no modelo Bioético norte-americano.

Seja pelo elemento histórico ou antropológico, a possibilidade de se estar ferido é constante no contexto latino-americano e, exatamente por isso, trata-se de uma condição de análise de qualquer questão Bioética apresentada. Essa condição está implícita na Resolução do CNS 466/2012, que estabelece as diretrizes e normas regulamentadoras de pesquisas envolvendo seres humanos no Brasil, quando coloca como um dos conceitos da resolução:

> [...] II.25: vulnerabilidade – estado de pessoas ou grupos que, por quaisquer razões ou motivos, tenham a sua capacidade de autodeterminação reduzida ou impedida, ou de qualquer forma estejam impedidos de opor resistência, sobretudo no que se refere ao consentimento livre e esclarecido. [...]

E também quando expressa que é condição de eticidade da pesquisa com seres humanos reconhecer a vulnerabilidade dos envolvidos:

[...] III.1 – A eticidade da pesquisa implica:
a) respeito ao participante da pesquisa em sua dignidade e autonomia, reconhecendo sua vulnerabilidade, assegurando sua vontade de contribuir e permanecer, ou não, na pesquisa, por intermédio de manifestação expressa, livre e esclarecida; [...]

O reconhecimento da vulnerabilidade como premissa para a eticidade da pesquisa com seres humanos deixa clara a condição que deve ser natural a todas as questões que envolvam o questionamento Bioético abrangendo seres humanos na América Latina: o quão vulnerável está cada humano envolvido.

Assim, a despeito do modelo hermenêutico de Bioética que se adote para compreender um sistema, é preciso reconhecer a condição de vulnerabilidade que há inata, velada ou reprimida em cada caso apresentado no contexto latino-americano.

Trabalhas sem alegria para um mundo caduco,
onde as formas e as ações não encerram nenhum exemplo.
Praticas laboriosamente os gestos universais,
sentes calor e frio, falta de dinheiro, fome e desejo sexual.
Heróis enchem os parques da cidade em que te arrastas,
e preconizam a virtude, a renúncia, o sangue-frio, a concepção.
À noite, se neblina, abrem guarda-chuvas de bronze
ou se recolhem aos volumes de sinistras bibliotecas.
Amas a noite pelo poder de aniquilamento que encerra
e sabes que, dormindo, os problemas te dispensam de morrer.
Mas o terrível despertar prova a existência da Grande Máquina
e te repõe, pequenino, em face de indecifráveis palmeiras.
Caminhas entre mortos e com eles conversas
sobre coisas do tempo futuro e negócios do espírito.
A literatura estragou tuas melhores horas de amor.
Ao telefone perdeste muito, muitíssimo tempo de semear.
Coração orgulhoso, tens pressa de confessar tua derrota
e adiar para outro século a felicidade coletiva.
Aceitas a chuva, a guerra, o desemprego e a injusta distribuição
porque não podes, sozinho, dinamitar a ilha de Manhattan

(DRUMMOND, 1940).

Henderson Fürst

5.

ORTOTANÁSIA E AS INFLUÊNCIAS DA BIOÉTICA NA CONSTRUÇÃO DA COMPREENSÃO JURÍDICA

A montanha mágica, de Thomas Mann, é uma das melhores introduções ao século XX, de acordo com Italo Calvino (MISKOLCI, 1996, p. 131). Isso porque, tendo a doença como um dos temas centrais, Mann apresenta a sociedade burguesa ocidental como sanatório e faz que o protagonista seja o contraponto deste mundo doente. Hans Castorp é um rapaz singelo que se assume doente e inicia uma busca pela cura, encarando a doença e a fascinação pela morte, características do mundo do pré-guerra, como uma crise espiritual. Em uma das célebres frases do livro, Mann diz: "todo o interesse pela morte e pela doença não passa de uma forma de exprimir aquele que se tem pela vida" (2005, p. 323).

Como seria possível que o interesse pela morte fosse uma forma de exprimir o interesse pela vida? Esse antagonismo, que é um dos muitos contidos na obra de forma tão bem conciliada e tão pouco compreendida pela sociedade do começo do século XX, que, maravilhada pela ciência e eufórica pelas descobertas de novos tratamentos, acreditava que a morte era o oposto da vida e que deveria ser combatida, foi mais bem explicado por Thomas Mann anos depois, quando deixou a Alemanha do III Reich para morar nos EUA, durante um discurso aos estudantes da Universidade de Princeton:

> (...) morte e doença e todas as aventuras macabras pelas quais ele deixa seu herói passar são justamente o meio pedagógico pelo qual se alcança uma imensa elevação e impulso do herói simples para além de sua situação original. Elas são, justamente como meio pedagógico, valorizadas amplamente de modo positivo, mesmo se Hans Castorp no decorrer de sua vivência ultrapassasse sua devoção inata diante da morte e compreende uma humanitariedade que não nega e rejeita racionalmente a ideia da morte e todo escuro e misterioso da vida, mas as inclui sem se deixar

dominar espiritualmente por ela. O que ele aprende a compreender é que toda saúde mais elevada deve ter passado pelas profundas experiências da doença e da morte, assim como o conhecimento do pecado é uma condição prévia da salvação. "Para a vida", disse Hans Castorp uma vez para Madame Chauchat, "para a vida há dois caminhos: um é o usual, direto e ajuizado. O outro é mau, ele passa pela morte e este é o caminho genial." Essa concepção de doença e morte como uma passagem necessária para o saber, para a saúde e para a vida torna *A montanha mágica* um romance de iniciação (MANN, 1939).

Notemos como Mann apresenta a morte como uma parte da vida, e não como o seu oposto. Não se trata de uma antítese, mas uma síntese natural. Trata-se de uma contradição à postura do século XX, e talvez isso tenha chamado tanta atenção, pois o século XX produziu uma revolução de longevidade à qual a humanidade sempre desejou desde os primórdios da civilização (NETTO, YUASO, KITADAI, 2006, p. 260).

No mesmo ano que Mann fez seu citado discurso aos estudantes de Princeton, o sofrimento gerado pela condição da busca incessante pela longevidade, pelo prolongamento da vida, negando a morte como uma condição natural, que, segundo relatam Pessini e Barchifontaine (PESSINI; BARCHIFONTAINE 2012, p. 401), era sentido por Sigmund Freud. "Agora minha vida não passa de permanente tortura." Com essas palavras que Freud descreveu seu quadro aos 83 anos, depois de ter sido submetido a 33 operações em 16 anos por causa de um câncer no maxilar, para seu médico e amigo Max Schur – posteriormente, Schur testemunhou que injetou duas doses de morfina que fizeram Freud cair em coma e não mais despertar.

As formas como Mann expressa a morte em sua célebre obra e como Freud a experimentou demonstram a característica marcante da morte no século XX: a busca pela longevidade como modo de superar a morte e postergá-la ao máximo, tornando-a artificial à vida.

Se os estudos em Bioética em situação clínica de final de vida indicam diversos momentos éticos que sempre repercutem pela mídia, causando clamor popular, tal como eutanásia, ortotanásia, distanásia e mistanásia, é porque a intervenção científica manipulando o final da vida gerou diversas situações que antes a vida humana não experimentava – e, por conseguinte, também a moralidade e o Direito. O que vivenciamos hoje é uma imoralidade da morte na era tecnológica, da mesma forma que a sexualidade era para os vitorianos. Robert Veatch descreve esse paralelo, afirmando que a preocupação e a negação relacionadas à morte demonstram que ainda envolvemos o tema com sacralidade, mesmo pelos que não professam fé alguma – "a morte é um tabu".[62]

Esse tabu é bem delineado por Leo Pessini, para quem:

> A morte nunca deixa de ser atual e nos provocar em termos de vida. Ela sempre tem um encontro não planejado conosco, visitando-nos de uma forma silenciosa, mansa e surpreendente, através de perdas de entes queridos, obrigando-nos a refletir sobre nossa própria vida finita, ou, então, através de situações inusitadas e inesperadas que nos amedrontam (PESSINI, 2005, p. 45).

Para melhor compreender como a morte se manifesta como um tabu no século XX, perdendo lugar na vida, importa analisarmos qual o lugar da morte nos últimos tempos.

5.1. ANTROPOLOGIA DA MORTE – COMO A MORTE PERDEU LUGAR NA SOCIEDADE DO SÉCULO XX

A morte mudou. Nada de razoável se pode dizer sobre a existência humana sem acompanhar as transições e mudanças que a morte e o morrer tiveram ao longo da história (VOVELLE, 1983, p. 23). Ao longo dos últimos séculos, a morte e o morrer experimentaram diferentes lugares na experiência humana.

Há uma diferença conceitual importante entre espaço e lugar. No sentido antropológico, lugar é o conjunto do espaço com as representações e referências que o ser faz do espaço, juntamente com as relações que ali vive e celebra, bem como o sentido atribuído ao espaço. O espaço, sozinho, é apenas um *locus*, sem qualquer atribuição de significados humanos. "A vida é que torna um espaço em lugar – é que se faz o lugar de uma pessoa" (SILVA, 2012, p. 125). Esse conceito é bem compreendido na arquitetura, pois o espaço só se torna lugar "através da sua relação ao homem" (DELFANTE, 2000, p. 397). Também o arquiteto Christian Norberg-Schultz demonstra que a referência ao lugar só pode ser feita por meio do acontecimento, da própria existência, da mesma forma que acontecimento e fato se distinguem apenas porque o que transforma este naquele é a sua referência a um sujeito ou a um coletivo (NORBERG-SCHULTZ, 1981, p. 6).

---

62 "There is simultaneously a horror and a fascination with the subject of death. This made the English scholar Geoffery Gorercall death 'pornographic'. Like sex was for the Victorian sand still is for many, there is simultaneously an obsession with and a compulsive concealment of the phenomenon of death in our culture" (VEATCH, 1977, p. 75).

Assim, da mesma forma que a experiência humana é capaz de alterar o espaço em lugar e o fato em acontecimento, também a morte e o morrer experimentam diferentes lugares e acontecimentos ao longo das alterações da cultura humana. Como a sociedade não é desvinculável da cultura, observaremos que as dificuldades de analisar a Bioética em situações clínicas de final de vida ocorrem porque a morte perdeu lugar na vida. Sua experiência é cada vez mais contestada ou evitada, dando origem ao não-lugar.

A construção a seguir é a demonstração do não-lugar da morte, tendo como referencial a análise de Philippe Ariès sobre dois milênios de cultura ocidental cristã (ARIÈS, 1989; e ARIÈS, 2000). Essa análise foi marcada em dois momentos, cada qual expresso em uma de suas obras. Na mais antiga delas, a é nítida a influência de Edgar Morin (s.d., p. 325), para quem a consciência da dramaticidade da morte variava na razão inversa da experiência de pertença pessoal a uma comunidade (MORIN, s.d., p. 38). Na mais recente, Ariès reconhece que há quatro parâmetros que surgem de forma diferente em cada etapa analisada: a consciência de si; a defesa da sociedade contra a natureza; a crença na outra vida; e a crença na existência do mal. É com base nessa divisão que o historiador sistematiza a cultura acerca da morte em quatro etapas que nos valeremos para compreender como a morte chega ao século XXI.

5.1.1. A morte domesticada

A ideia de *morte domesticada*, para Ariès, não se deve ao fato de que, anteriormente, ela era "selvagem" ou não domesticada, mas, sim, pela característica da fase seguinte. A morte domesticada (ARIÈS, 1989, p. 19-30), ou domada (ARIÈS, 2000, p. 13-40), representa a fase em que a morte está integrada na vida, expressando-se em um modo específico de morrer, baseado na convicção de que todos morreremos. Essa é a morte integrada na vida, que não se questiona, mas se aceita como fato de que todos morremos.

Nesse momento, estamos na alta Idade Média, mas Ariès estabelece que, com poucas alterações, essa seria a forma da morte, "acrônica dos longos períodos da mais antiga história, talvez da pré-história" (1989, p. 13). A morte advertia de que aconteceria, seja por sinais naturais ou por íntima convicção de que estava por acontecer, iniciando-se uma ritualidade que caracterizava o ato de morrer. Nesse ritual, aquele que morreria era o ator principal, a família tinha presença maciça, ocorria no próprio quarto do moribundo, quando os presentes faziam evocação da vida dele e ele se despedia, pedia perdão e, pela intervenção da religiosidade, confessava e recebia os manejos espirituais finais do sacerdote.

Henderson Fürst

NO (CON)FIM DA VIDA

A atitude perante a morte estava totalmente integrada no ciclo da vida e em seu ritmo. A ideia de *domesticada* deve-se ao fato de estar no âmbito familiar, em que os familiares "estavam tão familiarizados com os mortos como com a sua própria morte" (ARIÈS, 1989, p. 30). Não há aqui intervenção tecnocientífica alguma, apenas os laços familiares e sua resolução. A morte tinha lugar na consciência individual e coletiva, pois a vida era o lugar da morte, uma consequência natural da corporeidade biológica, e o próprio leito, "rodeado de amigos e parentes" (ARIÈS, 1989, p. 34).

5.1.2. A morte de si próprio

Na baixa Idade Média, a partir dos séculos XI e XII, surge a consciência da morte de si próprio (ARIÈS, 1989, p. 31-42), até então desconhecida entre a morte de cada um e a consciência que possuía de sua individualidade (ARIÈS, 1989, p. 41). Não se trata de uma atitude nova, um novo ritual, mas uma mudança naquilo que a morte representa, o que repercutirá fortemente nas fases posteriores.

Ariès demonstra que alguns fatores influenciaram nessa mudança de consciência, mas atribui como marco a mudança da compreensão do Juízo Final. Começa-se a se difundir a ideia do Juízo Final, que até então não era muito contemplada na consciência coletiva, pois se tratava de algo que aconteceria num dia distante. Nessa fase, modifica-se a antiga crença de que o momento de lidar com o Juízo Final seria num momento muito posterior à morte, quando todos juntos seriam julgados, e o Juízo Final é trazido para o momento imediato após a morte, e daí ocorrer a individualização, pois não haverá um único dia para o Juízo Final ocorrer, mas cada qual terá o seu próprio Juízo Final. Essa individualização implica a aproximação da relação entre a morte e a biografia do moribundo, pois precisava encontrar a justificação de seus pecados naquele momento.

Essa mudança demonstra alguns aspectos práticos da simbologia da tomada de consciência da morte de si próprio. A primeira delas é a individualização das sepulturas (ARIÈS, 1989, p. 42), que até então era algo desvalorizado. A segunda delas é a iconografia da morte, surgindo temas macabros, exibindo o cadáver (o corpo corrompido), expressando amor pela vida.

O mote *Dança da Morte* surge na História da Arte da Idade Média demonstrando exatamente essa mudança de pensamento. Ela ainda pertence à vida, tanto que os cadáveres são retratados como se vivos estivessem, mas o incômodo do juízo final trazido para a morte se torna tão forte a ponto de, posteriormente, no período barroco, termos a presença de um novo mote, o *memento mori* ("lembre-se da morte").

Vejamos aqui alguns exemplos:

Imagem 1 – *Danças macabras. Liber Chronicon*, de Hartmann Schedel. (séc. XV).

Imagem 2 – Cena de dança macabra em pintura no Palácio dos Papas, em Avignon. (séc. XIV).

O morrer continua ocorrendo no leito, rodeado por familiares, tal qual na etapa anterior, com a mesma ritualística religiosa e familiar. O que altera é a consciência de si mesma, a angústia de enfrentar o Juízo Final concomitante à vida, passando a incluir dramaticidade a esse ato.

Assim, seja pelo lugar físico ou pelas pessoas que participam do morrer, nada há de novo em relação à fase anterior. Todavia, a tomada de consciência de que se morrerá e de que sua vida individual será julgada, e dali se poderá ter o Reino dos Céus ou o Inferno, começa a causar angústia, e a morte passa a ser indesejada. É essa atitude que inicia a perda de lugar da morte e do morrer na vida.

5.1.3. A morte distante e próxima

A próxima fase, para Ariès, é a da morte distante e próxima (ARIÈS, 1988, p. 366). Ela marca a transição do Renascimento à Idade Moderna, quando a ciência se intensifica e modifica não apenas o lugar da morte, mas também as pessoas que dela participam e a consciência que se passa a ter do morrer, pois já se sabe da brevidade da vida.

Esse período é a origem do grande medo da morte (ARIÈS, 2000, p. 133), com contornos de irracionalidade, ainda que originado nos meios científicos: "um medo louco, que os médicos do séc. XIX denunciaram como insensato, porque se apaziguava, e que, pelo contrário, os médicos do séc. XVIII tinham instalado no coração da sua ciência demasiado recente, porque o sofriam" (ARIÈS, 2000, p. 134). É daí que surge o nome paradoxal dessa fase, pois se a morte é algo pessoal, um momento de introspecção e interiorização de si, passa a ser também a fase do grande medo: "naquilo que antes tinha de próximo, de familiar, de dominado, afastou-se pouco a pouco para o lado da selvajaria violenta e dissimulada, que mete medo" (ARIÈS, 2000, p. 366).

A antiga familiaridade do indivíduo com a morte agora é substituída pelo medo dela. O morrer é deslugarizado de modo irreversível, deixando o leito familiar, doméstico, para instalar-se em clínicas e hospitais. Muda-se a sensibilidade e a ritualística que envolveram o momento até então. A morte não tem mais lugar no ciclo da vida e deve ser combatida (ARIÈS, 2000, p. 366).

5.1.4. A morte do outro

A outra etapa da morte, descrita por Ariès, começa a partir do século XVIII, quando ganha um sentido que causa ruptura ao desenvolvimento que acontecia até então. A morte é exaltada, dramatizada, desejada dominantemente. Não estamos mais diante da morte de si, mas da romantização da morte do outro (ARIÈS, 1989, p. 43).

A principal ruptura que acontece é a da domesticação da morte, pois, ainda que se mantenha o ritual familiar-comunitário, entra a perda de paz, a emoção, a dor. A morte não é mais vivida como natural, mas como sofrimento da vida. Assiste-se à emergência de lutos patológicos, expressando a dificuldade progressiva em aceitar a morte do outro (VOVELLE, 1983, p. 438-442), enquanto o culto dos cemitérios e dos túmulos é a manifestação litúrgica da nova sensibilidade que torna intolerável a morte do outro (ARIÈS, 2000, p. 305).

Quem morre não é o indivíduo ancestralmente considerado apenas como membro da espécie, mas o outro. Até então quem morria era centrado em dois limites: o sentido da espécie (todos morremos), e o sentido da individualização (eu morro). Todavia, no século XIX, os dois limites são superados pelo terceiro sentido, a morte do outro (ARIÈS, 1988, p. 368). A morte do outro implica, primeiramente, o horror da própria morte, pois não se suporta a ideia do morrer, é o outro quem morre, não o si próprio, que ainda resiste, que tem luto e aversão ao morrer; segundamente, a morte do outro implica um outro específico, e não um *alguém*, é alguém que é parte da própria biografia, é a visão de uma diminuição da vida pela perda de alguém.

A insuportabilidade do morrer do outro, do amado, revela a insuportabilidade da morte, recusando o lugar da morte na vida. A morte não é suportada no ciclo da vida (SILVA, 2012, p. 140).

5.1.5. A morte invertida

A morte do século XX é descrita por Ariès inicialmente como a morte interdita (1989, p. 57), que não mais pertence ao ciclo da vida, sendo seus rituais reduzidos a um mínimo decente de operações inevitáveis destinadas a fazer desaparecer o corpo de tal modo que as pessoas, que antes circundavam o leito, percebam o mínimo possível a passagem da morte. Se algumas formalidades se mantêm e se uma cerimônia continua assinalando a partida, devem ter um caráter discreto e evitar pretextos para qualquer emoção. Não há lugar sequer para o luto, e sua expressão estão em vias de extinção – tanto que já não se observa o antigo costume de usar roupas escuras por diversos dias.

Depois de observar que o processo descrito para essa fase avançou tanto e o seu processo evoluiu de modo que se vive como se não se morresse, Ariès reclassificou o período para "morte invertida", pois "a sociedade expulsou a morte" (ARIÈS, 2000, p. 310). Quase não se anuncia a morte à sociedade, e tudo se passa como se ninguém morresse.

Os rituais fúnebres também passam completamente longe do leito familiar do falecido, a tal ponto de velórios serem transmitidos ao vivo pela internet, para que a comunidade não precise ir até o local do ritual, e até mesmo começam a surgir serviços de velórios *drive-thru*, de modo que se possa participar da cerimônia sem sair do carro, e dali mesmo assinar um livro de presença e deixar as condolências à família.[63]

Nas mudanças anteriores, as transições eram tão lentas que seus contemporâneos praticamente não percebiam que ocorriam. Já a velocidade da mudança atual é tão grande que é possível encontrar gerações que se lembram de rituais completamente diferentes do morrer em sua infância, considerando o que experimentam hoje. Agora, vê-se a morte evacuar da vida em tempo real (PASQUIER, 2001, p. 131).

O círculo social daquele que morrerá tende a esconder dele a real gravidade de sua situação, criando uma "mentira clínica" para poupar da consciência de que se morrerá (ARIÈS, 1989, p. 54). Com o avanço da expulsão da morte no ciclo da vida, a esse intento de poupar o doente junta-se outra maquiagem da realidade: não se evita mais apenas ao doente, mas a todo o seu círculo de relações o incômodo e a emoção da agonia da presença da morte em plena vida feliz (ARIÈS, 1989, p. 56).

Vive-se para os vivos, não para os mortos, e não se admite qualquer referência ao anoitecer da vida que se possa sentir (THOMAS, 1985, p. 42). A morte é expulsa tanto do cotidiano da sociedade quanto da ideia de uma vida feliz – como se fosse possível uma vida sem morte –, sendo escondida como se fosse vergonhosa, suja, na qual só se vê apenas horror, sofrimento, dor inútil e penosa (HENNEZEL, 1977, p. 11). A morte traz a frustração da ciência que não conseguiu evitá-la, ela envergonha o progresso científico que, embora opere verdadeiro domínio sobre a vida,

---

63 Disponível em: <https://noticias.uol.com.br/tabloide/ultimas-noticias/tabloideanas/2017/02/15/funeraria-cria-drive-thru-para-velar-quem-morreu-sem-sair-do-carro.htm>. Acesso em 17 fev. 2018.

nada pode fazer acerca da morte, transformando-a em verdadeiro *tabu*. A distância cultural que a sociedade impõe entre a morte e o indivíduo é um sintoma claro da forte desumanização e alienação que se têm da vida humana (SILVA, 2012, p. 146).

O lugar da morte e do morrer na vida transitou do ambiente familiar e doméstico para a angústia da burguesia no final da Idade Média, que reconheceu a morte do *eu*, e ganhou a aflição com o Romantismo ao conhecer a morte do *outro* para chegar à sociedade tecnocientífica e ser ocultado. Não é mais o leito familiar, mas o hospitalar que recebe o moribundo. Não é mais a família e os amigos que circulam o leito, mas um corpo clínico treinado, aparamentado de um complexo maquinário de intervenção na vida (ZUCCARO, 2002, p. 41).

Essa solidão do morrer na sociedade contemporânea foi bem descrita por Nobert Elias, que também acrescenta a ideia da repressão cultural e social da morte, demonstrando a incapacidade emocional e relacional dos que estão perto daquele que morrerá, ficando evidente a incompetência de acompanhá-lo (ELIAS, 2001, p. 28-29). O escrito de Elias, publicado inicialmente em 1982, foi fundamental para a conscientização de que é preciso falar abertamente sobre a morte, pois ela "não é terrível, passa-se ao sono e o mundo desaparece, mas o que pode ser terrível na atualidade é a dor dos moribundos, bem como a perda de uma pessoa querida sofrida pelos vivos" (ELIAS, 2001, p. 76). Elias explicita que a morte é um problema dos vivos, pois não é a própria morte que desperta temor, mas a imagem antecipada da morte na consciência dos vivos – o temor dessa imagem na consciência faz que a morte seja um tema tão evitado às crianças quanto o sexo (ELIAS, 2001, p. 86). No atual estágio civilizatório, as pessoas ao redor do moribundo são incapazes de demonstrar um toque de ternura, tamanho o tabu que se tem pela condição de morrer (ELIAS, 2001, p. 65). Tal condição de solidão faz o autor evocar situações análogas daquele condenado à solidão e ao isolamento, tal como prisões e o caminho das câmaras de gás (ELIAS, 2001, p. 65).

Com o desenvolvimento dos recursos destinados à manutenção e ao prolongamento da vida, a nova morte é conduzida em hospitais, medicamente monitorizada e controlada, silenciosa e escondida. O local da morte agora é esterilizado, frio, e o paciente está conectado não às mãos de seus entes queridos, mas a tubos, isolado do mundo e do tempo, pois ali o tempo não passa, o dia não anoitece. Nesse sentido, é esclarecedor o texto de Moacyr Scliar, escritor brasileiro e médico, acerca de sua própria internação:

NO (CON)FIM DA VIDA

> De imediato sou transportado à UTI. E aí viverei uma experiência, para dizer o mínimo, insólita. Na UTI, a vida está em suspenso. O tempo ali não passa – aliás, não há relógios nas paredes. A luz nunca se apaga; não é dia, não é noite, reina uma claridade fixa, imutável. Mas o movimento é contínuo; médicos enfermeiras, auxiliares circulam sem parar, examinando, manipulando os doentes, sempre em estado grave (SCLIAR, 2001, p. 11).

Essa é a morte moderna. O doente que morre é silenciado. Não participa das decisões referentes à sua vida, doença ou morte, não tem espaço para expressar seus sentimentos e, com alguma dificuldade, pode expressar um pouco de sua religiosidade. Elias demonstra que essa ausência de espaço para a expressão de sentimentos é um sintoma das sociedades contemporâneas, nas quais as pessoas constroem uma autoimagem de mônadas isoladas, o *homo clausus* (ELIAS, 2001, p. 61). Tal condição é imposta ao paciente.

Tanto para o médico quanto para o hospital, a morte tornou-se um fracasso, incentivados pela conduta do recalcamento do morrer ao longo do século XX. Há inclusive relutância dos adultos diante da familiarização das crianças com a morte (ELIAS, 2001, p. 75), o que demonstra como a morte está expulsa do tempo presente diante da incapacidade da sociedade de encará-la e de acompanhar os que morrem (HENNEZEL, 2001, p. 14). Não é o novo ambiente esterilizado do morrer que causou o distanciamento das pessoas daquele que morrerá – elas próprias se distanciaram, e não foi pelo hospital, mas, sim, por não suportar a ideia de que a morte existe e é parte do ciclo da vida.

5.2. A COMPLEXIDADE DA MORTE NO PERÍODO CONTEMPORÂNEO

A morte moderna tornou-a complexa. A mudança de lugar do morrer não implicou simplesmente a alteração física, tampouco apenas alterou os personagens que circulam o moribundo e a ritualística da morte. A morte moderna implicou a alteração de postura social e individual com o morrer, criando-se um novo paradigma que retira do ciclo da vida o ato de morrer, como se morrer não fosse natural. Em reflexo a isso, as biotecnociências se debruçaram a produzir novas formas de dominar a vida, em uma luta imaginária contra a morte.

Os avanços científicos, que inegavelmente propiciaram melhor qualidade de vida, possibilitaram, também, compreender o sofrimento humano no fim da vida, bem como instrumentalizaram a exclusão da morte no ciclo da vida por meio da obstinação terapêutica. Esses dois parâmetros, o compreender do sofrimento da morte e a instrumentalização da obstinação terapêutica na luta contra a morte, tornaram o morrer um ato complexo, afinal, se há sofrimento, deve-se abreviar a vida? Ou se há conhecimento científico suficiente, deve-se prolongar a vida? Ou ainda, quando deixar de intervir para que a morte seja em seu tempo correto?

Essa complexidade imediatamente foi percebida por casos marcantes, que chamaram a atenção da mídia e do clamor público, inclusive servindo de mote para filmes, livros e até mesmo música, também utilizados por pesquisadores das mais diversas áreas, em especial no Direito, para debater os limites da interpretação jurídica em normas penal, constitucional e até mesmo em Direitos de Personalidade (SCHREIBER, 2014).

Um dos casos mais célebres nas artes é o livro *Jhonny vai à Guerra*, de Dalton Trumbo, publicado em 1939, que inspirou o filme *Jhonny Got His Gun*, de 1971. O filme relata um soldado que pisa numa mina terrestre durante a guerra e que fica incomunicável. Quando finalmente consegue descobrir uma forma de se comunicar, o soldado expressa em Código Morse: "Coloquem-me numa cuba de vidro e mostrem ao mundo o horror da guerra, ou matem-me", pois não suporta mais aquela condição de vida. Esse filme teve seus direitos autorais comprados pela banda Metallica, que transformou a história na música *One*, em 1987, e foi lançada em 1989, no álbum *...And Justice for All*. A banda utilizou cenas do filme no videoclipe da música, cuja letra deixa claro o problema do sofrimento de estar vivo em uma condição que o paciente considera indigna:

NO (CON)FIM DA VIDA

I can't remember anything	Não consigo me lembrar de nada
Can't tell if this is true or dream	Não consigo dizer se isto é sonho ou realidade
Deep down inside I feel to scream	Dentro de mim sinto vontade de gritar
This terrible silence stops me	Este terrível silêncio me impede
Now that the war is through with me	Agora que a guerra acabou comigo
I'm waking up, I cannot see	Eu acordo e não posso ver
That there's not much left of me	Que não resta muito de mim
Nothing is real, but pain now	Nada é real a não ser a dor agora
Hold my breath as I wish for death	Prendo a respiração enquanto desejo morrer
Oh, please God, wake me	Oh, por favor, Deus, me acorde
Back in the womb it's much too real	De volta ao útero é muito real
In pumps life that I must feel	Para dentro se injeta a vida que tenho de sentir
But can't look forward to reveal	Mas não posso olhar para frente e imaginar
Look to the time when I'll live	Ver o tempo que terei de viver
Fed through the tube that sticks in me	Alimentado por tubos enfiados em mim
Just like a war time novelty	Como num romance do tempo da guerra
Tied to machines that make me be	Ligado a máquinas que me fazem existir
Cut this life off from me	Tirem essa vida de mim
Hold my breath as I wish for death	Prendo a respiração enquanto desejo morrer
Oh, please God, wake me	Oh, por favor, Deus, me acorde
Now the world is gone, I'm just one	Agora o mundo se foi, eu sou apenas um
Oh God, help me	Oh, Deus, me ajude
Hold my breath as I wish for death	Prendo minha respiração enquanto desejo morrer
Oh, please God, help me	Oh, por favor, Deus, me ajude
Darkness	Trevas
Imprisoning me	Me aprisionando
All that I see	Tudo que eu vejo
Absolute horror	Horror absoluto
I cannot live	Não consigo viver
I cannot die	Não consigo morrer
Trapped in myself	Preso dentro de mim mesmo
Body my holding cell	Meu corpo é a minha cela
Landmine	O campo minado
Has taken my sight	Levou minha a visão
Taken my speech	Levou minha fala
Taken my hearing	Levou minha audição
Taken my arms	Levou os meus braços
Taken my legs	Levou minhas pernas
Taken my soul	Levou minha alma
Left me with life in hell	Me deixou com vida no inferno

Entre os diversos casos que chamaram atenção da mídia para a questão da complexidade da morte, podemos citar o caso de Nancy Cruzan, que viveu sua vida normalmente até os 25 anos, quando sofreu um acidente automobilístico. Ela foi ressuscitada pelos paramédicos que a socorreram, recuperou as funções vitais, mas nunca mais recuperou sua consciência. Após passar três semanas em coma, entrou em estado vegetativo permanente, momento em que sua família iniciou uma longa batalha judicial para conseguir o direito de retirar o tubo que a alimentava para que morresse. Como os médicos se recusaram a tomar qualquer decisão sem a devida autorização judicial, sua família entrou com uma ação alegando que, enquanto esteve consciente, Nancy sempre manifestou que não gostaria de ser mantida em estado vegetativo. O juiz de primeira instância concedeu o pedido da família, mas a Suprema Corte do Estado do Missouri entendeu que não havia provas claras sobre o desejo de Nancy acerca das condutas caso estivesse em estado vegetativo. A família recorreu à Suprema Corte dos Estados Unidos, que manteve a decisão da Suprema Corte estadual, alegando que o Missouri era livre para exigir a formalização que entendesse necessária para os fins desejados. Tempos depois, em 1990, a família reapresentou o caso ao Tribunal estadual com novas provas que Nancy teria manifestado interesse de que fossem desligados seus aparelhos caso ficasse em coma, e finalmente foi concedido o pedido da família para desligar o tubo que a alimentava (SUPREMA CORTE DOS EUA, 497 U.S. 261, 25.06.1990). Em sua lápide se lê o seguinte epitáfio: "Nascida em 20 de julho de 1957. Partiu em 11 de janeiro de 1983. Em paz em 26 de dezembro de 1990" (MALCOLM, 1990).

Também gerou comoção o caso do poeta italiano Piergiorgio Welby, que sofria de distrofia muscular desde a adolescência e, em 1997, ficou impossibilitado de respirar sem a ajuda de aparelhos, quando começou sua tentativa de conquistar judicialmente a autorização para desligar os aparelhos em busca do direito de morrer (RODOTÀ, 2006). Embora tenha conseguido em 2006, a Igreja Católica negou-lhe o direito a um funeral religioso.

Nos dois casos acima, apesar da repercussão pública, não havia divergência acerca de qual conduta tomar, exceto pela interferência do Estado. No caso de Nancy Cruzan, a família era consensual de que seu desejo manifesto em vida era o de desligar os aparelhos, e P. Welby conseguia manifestar seu desejo quando pediu que desligassem os aparelhos. Todavia, nem sempre o caso é livre de dissenso. O caso Terri Schiavo é um dos mais marcantes nesse sentido. Theresa Marie ("Terri") Schindler-Schiavo tinha 41 anos e supostamente se encontrava em processo de separação conjugal de seu esposo, Michael Schiavo, quando teve uma parada cardíaca em 1990, permanecendo sem fluxo sanguíneo cerebral. Em decorrência disso, teve uma grande lesão cerebral que lhe colocou em estado vegetativo. O esposo de Terri desejava que a sonda fosse retirada, pois estaria prologando com sofrimento a vida de Terri, enquanto seus familiares, em especial os pais, Mary e Bob Schindler, desejavam que a alimentação e hidratação fossem mantidas. Depois de uma longa briga judicial, em 19 de março de 2005, a sonda foi retirada, o que causou a morte de Terri Schiavo. Embora alguns relatem esse caso como situação de eutanásia, o professor Goldim entende que seria melhor enquadrado como suspensão de uma medida terapêutica, considerada não desejada pelo paciente e incapaz de alterar o prognóstico que apresentava (GOLDIM, 2005).

Mesmo que haja manifestação clara do paciente a respeito dos destinos de sua vida, nem sempre é o suficiente para que possa decidir acerca de sua vida e seu processo de morrer, tamanho é o horror da morte que a sociedade tem, bem como a dificuldade em aceitar que morrer também é um ato de dignidade da vida humana. O caso de Ramón Sampedro é um exemplo disso. Ramón era um marinheiro espanhol que ficou tetraplégico aos 26 anos e solicitou à justiça espanhola o direito de morrer após viver 24 anos nessa condição. Sua tentativa de obter autorização judicial durou cinco anos, mas o direito à eutanásia ativa e voluntária não foi concedido. Foi quando se mudou para La Coruña para morar com amigos, onde teria assistência diária deles – uma vez que sua condição o impossibilitava de realizar qualquer atividade. Ramón foi encontrado morto em 15 de janeiro de 1998 por uma das amigas que o auxiliava, e a necropsia indicou que ele morreu por ingestão de cianureto. Em seus últimos minutos de vida, Ramón gravou um vídeo em que fica evidente que os amigos colocaram um copo com um canudo ao alcance de sua boca, e também fica evidente que ele próprio quem fez a ação de colocar o canudo na boca e sugar seu conteúdo. A amiga que o encontrou foi acusada criminalmente pela morte de Ramón, mas a repercussão foi tão grande que um movimento internacional de pessoas enviou cartas confessando o mesmo crime, o que fez a Justiça espanhola arquivar o caso diante da impossibilidade de levantar todas as evidências. O caso inspirou o filme *Mar adentro* (2003), do diretor Alejandro Amenábar, em que se pode ver a versão cinematográfica da declaração final de Ramón.[64]

---

64 Disponível em: <https://www.youtube.com/watch?v=KrhPm5rx8SY>. Acesso em: 13 fev. 2018.

Enquanto escrevíamos este livro, dois casos chamaram muito a atenção da mídia. O primeiro deles é o da atleta paraolímpica belga, Mariele Vervoort, que foi campeã olímpica em 2012, em Londres, e medalha de prata no Rio de Janeiro, em 2016. Mariele sofre de doença degenerativa que paralisa suas pernas, provoca desmaios e não a deixa dormir por mais de 10 minutos. Embora tenha 39 anos, a atleta relata que se sente com 90 anos, e que em um momento ela era uma adolescente flexível, esportiva e muito ativa e, logo depois, suas pernas pararam de funcionar completamente, quando passou a sentir profunda dor física e emocional. A atleta ainda informou que só não se suicidou porque foi amparada pelo sistema de saúde belga, que possui infraestrutura de apoio para pacientes em estado terminal de vida. Isso permitiu que ela se prepare emocionalmente e consiga planejar como quer vivenciar o seu ciclo de morrer, o que ela já tem feito, inclusive escrevendo diversas cartas que serão enviadas a pessoas que ama.[65]

O segundo caso é o de Paula Diaz, chilena de 19 anos, que sofre de uma doença degenerativa que lhe causa fortes dores ininterruptas. Como a eutanásia é proibida no Chile, a família gravou um vídeo da jovem pedindo a Michele Bachelet, presidente do país, para que intervisse e conseguisse autorização judicial para sua eutanásia. A jovem fica permanentemente em uma cama, imobilizada com as pernas rígidas e dobradas para trás, com constante dores no corpo e fotofobia, e seu diagnóstico ainda não é preciso. É possível verificar nas redes sociais mais conhecidas, como o Facebook, o clamor popular em prol de Paula pela *tag* #JustiçaparaPaula. Um dos vídeos produzidos pela família acerca das condições da jovem se encontra disponível em: <https://www.facebook.com/maria.c.millacura/videos/10214991856051076/>.

Embora todas essas situações envolvendo a complexidade da morte na sociedade contemporânea ganhem repercussão, o receio de falar sobre o tema e a perda de espaço do morrer fazem que logo as discussões públicas se dissipem e a complexidade do morrer permaneça. Alguns nomes se tornaram populares e carregam cargas semânticas construídas historicamente, o que dificultam o debate público. Analisaremos alguns desses termos a seguir.

---

65 Veja mais em: <https://brasil.elpais.com/brasil/2018/01/18/deportes/15163 02671_191155.html>. Acesso em: 17 fev. 2018.

5.3. O LUGAR DA MORTE NA EUTANÁSIA, DISTANÁSIA E ORTOTANÁSIA

A complexidade do morrer e das diversas situações que podem acontecer com a vida dominada pela ciência e com a morte sem lugar faz que sejam criadas algumas categorias dentro das quais diversas possibilidades podem ocorrer, mas facilitam a organização do debate e da compreensão.

A mais antiga experiência da morte é a morte em sua forma natural, aceita pela família e pelo paciente e esperada, como era a morte na fase da *morte domesticada*, que tratamos anteriormente. Essa morte, *correta*, tornou-se cada vez mais complexa de ser compreendida diante das possibilidades de dominar a vida e entender o sofrimento humano ao viver. E por essas duas possibilidades – o domínio da vida e a compreensão do sofrimento humano – é que começou a se modular o morrer, antecipando-o (no caso do sofrimento humano) ou prolongando-o (por meio do domínio da vida).

Com isso, temos os três momentos de lugar da morte no complexo morrer contemporâneo. Quando se abrevia a vida diante do sofrimento humano que é estar vivo naquela condição, dá-se o nome de *eutanásia*. Quando se prolonga indevidamente a vida humana, empregando as técnicas com que se domina cientificamente a vida, dá-se o nome de *distanásia*. E a antiga experiência de morrer naturalmente, ou corretamente, intermediária ao abreviamento e ao prolongamento, dá-se o nome de *ortotanásia*. Essa é uma explicação didática, que simplifica as complexidades que a prática apresenta, mas serve para as conceituações iniciais.

Há ainda um quarto momento de lugar da morte que já mencionamos anteriormente: a mistanásia, ou a morte miserável, ou a morte que poderia ter sido evitada. Essa é a morte Severina:

> Somos muitos Severinos
> Iguais em tudo na vida:
> Na mesma cabeça grande
> Que a custo é que se equilibra,
> No mesmo ventre crescido
> Sobre as mesmas pernas finas,
> E iguais também porque o sangue
> Que usamos tem pouca tinta.
> E se somos Severinos
> Iguais em tudo na vida,
> Morremos de morte igual,

Mesma morte Severina:
Que é a morte de que se morre
De velhice antes dos trinta,
De emboscada antes dos vinte,
De fome um pouco por dia
(de fraqueza e de doença
É que a morte Severina
Ataca em qualquer idade,
E até gente não nascida)
(MELO NETO, 2007, p. 92).

O nome dado a cada um desses momentos tem uma razão de ser. Eutanásia, por exemplo, vem do grego *eu* + *thanatos*, boa morte. A primeira vez que foi utilizada, até onde se sabe, foi no séc. II d.C., quando o historiador latino Caio Suetônio descreveu a morte tranquila do Imperador Augusto:

No derradeiro dia, enquanto perguntava sem cessar se havia agitação lá fora por causa dele, depois de pedir um espelho, mandou pentear os cabelos e compor as maçãs do rosto descaídas e perguntou aos amigos que recebera se por acaso lhes parecia que tinha representado bem o mimo da vida; e acrescentou a fórmula de remate:
"Já que foi muito bem representado, deem-me o vosso aplauso e tratem todos de me acompanhar com alegria."
Em seguida, depois de os despedir a todos, enquanto interroga os que chegam da cidade sobre a doença da filha de Druso, desfalece subitamente, entre os beijos de Lívia, com estas palavras: "Lívia, vive na lembrança da nossa união, e adeus!" Coube-lhe em sorte ter um fim fácil, como sempre desejara. De fato, quase sempre que ouvia dizer que alguém tinha morrido sem qualquer sofrimento, formulava logo os votos para si e para os seus de uma semelhante *euthanasia* – pois era este o termo que costumava usar[66] (BRANDÃO, 2007, p. 67-68).

---

66 No idioma original:

"Supremo die identidem exquirens, an iam de se tumultus foris esset, petito speculo capillum sibi comi ac malas labantes corrigi praecepit et admissos amicos percontatus, 'ecquid iis uideretur mimum uitae commode transegisse', adiecit et clausulam:

ἐπειδὲ πάνυ καλῶς πέπαισται, δότε κρότον καὶ πάντε çήμᾶς μετὰ χαρᾶς προπέμψατε'.

Omnibus deinde dimissis, dum aduenientes ab urbe de Drusi filia aegra interrogat, repente in osculis Liuiae et in hac uoce defecit: 'Liuia, nostri coniugii memor uiue ac uale!' Sortitus exitum facilem et qualem semper

NO (CON)FIM DA VIDA

Embora costumeiramente a retomada do termo *Eutanásia* seja atribuída no século XX, em 1920, aos professores Dr. Jur. et. Phil. Karl Binding e Dr. Med. Alfred Hoche, que publicaram, em Leipzig, no marcante livro *Die Freigabe der Vernichtung Lebensunwerten Lebens* (BINDING; HOCHE, 1920) – obra que foi considerada posteriormente a bíblia do programa de eutanásia nazista, com afirmações fortes, que deram um significado prejudicial à proposta inicial do termo de uma "morte boa", como um "mimo da vida", tal qual foi com o imperador romano Augusto – encontramos, até o momento, uma tese de doutoramento em medicina na Universidade de Montpellier anterior a isso, datada de 1913, que analisava especificamente a eutanásia, e não apenas o caso de vidas que não mereciam viver. Trata-se da tese de doutorado de Emile Sicard, que apresentou diversas considerações sobre a antecipação da morte conforme a compreensão do momento.[67]

No palco do debate acerca da eutanásia, é bastante comum a discussão da abrangência da autonomia do indivíduo diante do paternalismo médico, ou seja, o nível de interferência médica na decisão do indivíduo ou até mesmo sua restrição de decisões em favor de algum profissional da saúde, que domina melhores condições técnicas para avaliar a situação e decidir.

Não é o tema do presente trabalho, mas importa ressaltar que pelo nome *eutanásia* tem-se diversas ações que são classificadas distintamente conforme o critério adotado. Por exemplo, é possível classificar segundo o critério de ação e quanto ao consentimento do paciente, tal como Jiménez de Asúa (1929, p. 476-477). Dessa forma, quanto ao tipo de ação, teríamos eutanásia ativa, eutanásia passiva e eutanásia indireta e, quanto ao consentimento, eutanásia voluntária, eutanásia involuntária e eutanásia não voluntária. Há também quem classificaria, além dessas condutas, a eutanásia terapêutica, eutanásia eugênica, eutanásia criminal, eutanásia experimental, eutanásia solidarística, eutanásia teológica, eutanásia legal, suicídio assistido, eutanásia-homicídio, eutanásia libertadora, eutanásia eliminadora e eutanásia econômica (MINAHIM, 2005, p. 185; e HUNGRIA; FRAGOSO, 1982, p. 127).

---

optauerat. Nam fere quotiens audisset cito ac nullo cruciatu defunctum quem piam, sibi et suis εὐθανασίαν similem – hoc enim et uerbo uti solebat – precabatur." (Aug. 99-100.1)

67 Disponível em: <https://ia801305.us.archive.org/34/items/b22442881/b22442881.pdf>. Acesso em: 17 fev. 2018.

Em célebre obra analisando as polêmicas do Direito que envolvem o domínio da vida, Ronald Dworkin (2009), ao examinar a eutanásia, indica que, antes de qualquer definição envolvendo o tema, deve-se primeiro considerar o estado do paciente nos seguintes termos: (1) ele está consciente e é capaz de autonomia; (2) ele está consciente, porém não tem capacidade física para agir e terminar com sua vida, necessitando de outro que o faça por ele (Dworkin consideraria essa a eutanásia ativa); (3) o paciente está inconsciente. Para cada uma dessas situações, importa analisar três elementos para a tomada de decisão: (1) a autonomia; (2) os interesses fundamentais do paciente; e (3) a sacralidade da vida.

A sacralidade da vida não é vista, por Dworkin, como a ideia da supremacia do direito/dever à vida, como costumamos ter nas argumentações brasileiras, mas sim como um conceito que compete a cada qual culturalmente preencher – e daí as dificuldades em se legislar na matéria, sem deixar espaço para discricionariedade.

> Os que desejam uma morte prematura e serena para si mesmo ou para seus parentes não estão rejeitando ou denegrindo a santidade da vida; ao contrário, acreditam que uma morte mais rápida demonstra mais respeito com a vida do que uma morte protelada. Uma vez mais, os dois lados do debate sobre eutanásia compartilham uma preocupação com a santidade da vida; estão unidos por esse valor e só divergem sobre a melhor maneira de interpretá-lo e respeitá-lo (DWORKIN, 2009, p. 341).

Já no outro oposto, quando a morte é prorrogada, temos a distanásia, cuja origem léxica também remonta aos termos gregos *dýs* (dificuldade, mau estado, desgraça, contrariedade, privação) e *thanatos* (morte). Ou seja, distanásia é a privação da morte ou a má morte, quando é prolongada com sofrimento.

Muito embora seja usualmente atribuído o termo ao médico Jean-Robert Debray, em sua obra de 1950, *L'acharnement thérapeutique*, o termo distanásia foi utilizado pela primeira vez em 1904, por Georges Morache, professor de medicina legal da Faculdade de Medicina de Bordeaux, em sua obra *Nassant Naissance et mort*: étude de sócio-biologie et de medicine légale (1904, p. 217), quando o autor indicava como uma conduta virtuosa a se fazer no combate à morte de crianças recém-nascidas. Morache certamente não imaginaria que, décadas depois, a conduta que tinha como boa se tornaria penosa aos pacientes mais velhos, numa forma de obstinação terapêutica.

Há um elemento fundamental de compreensão na distanásia que é o sofrimento. O viver prorrogado artificialmente se torna sofrimento. A esse respeito, Leo Pessini explica que:

> Existe um momento na doença crônica, quando a impotência torna-se mais intolerável que a dor, em que aparece a diferença entre dor e sofrimento. Nem sempre quem está com dor sofre. O sofrimento é uma questão pessoal. Está ligado aos valores da pessoa (PESSINI, 2006).

Importante explicar a distinção de dor e sofrimento feita pelo professor Márcio Fabri dos Anjos de que a dor é de origem fisiológica e o sofrimento de origem relacional; a interação entre ambos se dá pela elaboração mental/moral do sentido da dor e/ou das situações que ameaçam a vida e o bem-estar, de tal forma que há dores que são muito amenizadas pelo apoio moral que se recebe, e os cuidadores da saúde sabem o quanto a confiança de seus pacientes faz a diferença; assim também há sofrimentos sem origem na dor fisiológica (ANJOS, 2016, passim).

A distanásia é um fenômeno complexo causado pela dominação instrumental e científica da vida, aliado à rejeição da morte no ciclo da vida. Essa combinação implicará o uso excessivo da ciência para prolongar a vida, como se essa fosse a conduta correta a ter diante do final da vida: o combate incessante e incansável à morte pela ciência. Tamanha é a influência dos dois elementos (dominação científica da vida e rejeição da morte) no imaginário teórico que não é incomum no mundo jurídico alegar-se a supremacia do direito à vida, que na prática se constitui em um dever de vida.

Entre esses dois extremos encontra-se a ortotanásia, que é nosso objeto de estudo, e que passaremos a analisar.

5.4. ORTOTANÁSIA E SEU TRATAMENTO JURÍDICO NO BRASIL

Mencionamos que entre os dois extremos, eutanásia e distanásia, onde se abrevia e se prolonga a vida, encontra-se a *ortotanásia*. É a morte que acontece segundo a realidade (EISSLER, 1995), que ocorre quando já se sabe que a morte não será um dano, mas um evento que é imprescindível à vida, em que o foco não é mais o combate à doença ou à morte, mas de aceitar que a vida termina e que isso pode acontecer da forma mais serena possível (ZAPPAROLI, 1997, p. 74).

Etimologicamente, ortotanásia é composta por *orthos* (reto, correto) e *thanatos* (morte). Ou seja, ortotanásia seria a morte correta, no tempo correto, nem abreviada nem prolongada, mas no esgotamento da vida (VIILAS-BÔAS, p. 73).

Não seria necessário falarmos em ortotanásia se a morte não tivesse um "deslugar" na vida da sociedade contemporânea. E tamanho é o deslugar da morte que muitos erroneamente classificam a ortotanásia como eutanásia passiva, uma vez que se interrompe a intervenção para deixar que a morte ocorra naturalmente – e a essa omissão de cuidados se atribui o termo *passivo*; quando a vida fosse abreviada pela utilização de algum recurso, seria a forma *ativa* de eutanásia. Henrique Prata bem ressalta que tal confusão gera um desfavor à compreensão da ortotanásia e dos cuidados paliativos (PRATA, 2011, p. 138).

O primeiro equívoco dessa compreensão se dá pela natureza de cada ação. A eutanásia consiste na abreviação da vida que poderia continuar, e a ortotanásia não se trata de uma abreviação da vida, pois ela não continuaria, ela ocorre pelo esgotamento da vida.

O segundo equívoco dessa compreensão está no fato de que a ortotanásia não é uma omissão de intervenção terapêutica – para os que a consideram uma eutanásia passiva. A ortotanásia é uma alteração na forma de intervenção terapêutica, pois não se busca mais o combate à patologia, mas sim o bem-estar do paciente para que a morte seja serena, como a do imperador Augusto, supramencionada, razão pela qual não se pode falar em ortotanásia sem citar os cuidados paliativos – cuidados paliativos são a terapia que passa a ser utilizada.

O terceiro equívoco dessa compreensão está na criminalização da ortotanásia. Como a eutanásia no Brasil é considerada um crime, a sua versão *passiva* também seria considerada uma abreviação da vida também, tal como a ativa, e não se trata de abreviar. Podemos observar a predominância desse raciocínio no artigo do Ministro Nelson Hungria, em 1998, quando ainda fazia parte do Supremo Tribunal Federal, respondendo se seria possível a realização de ortotanásia:

> Tenho para mim que a resposta deve ser, categoricamente, redondamente, esta: "Não!" Se o fizer, comete um indubitável homicídio doloso, embora com pena atenuada. Várias são as objeções que se podem opor aos adeptos da ortotanásia, que é, no fim de contas, uma eutanásia por omissão, ou se confunde com a própria eutanásia comissiva, quando importe em retirar o aparelho que esteja servindo ao sustento da vida em declínio.

No trecho acima, o Ministro Hungria categoricamente estabelece que a conduta da ortotanásia seria tipificada no art. 121, § 1º, do Código Penal:

> Art. 121. Matar alguém:
> Pena – reclusão, de seis a vinte anos.
> § 1º Se o agente comete o crime impelido por motivo de relevante valor social ou moral, ou sob o domínio de violenta emoção, logo em seguida a injusta provocação da vítima, o juiz pode reduzir a pena de um sexto a um terço.

Essa visão seria simplista e instrumentalizaria a obstinação terapêutica e a perda do lugar da morte no ciclo de vida. Aliás, é essa a postura de vida diante da morte que Hungria sugere em seu artigo:

> Ainda que mantida por meios artificiosos ou reduzida a mera estremeção muscular, alheia à consciência, a vida, como diz Poullet, não deixa de ser tal, não chegou ainda ao término do seu curso, que começa no momento da concepção e somente cessa com o "último suspiro". Extingui-la, ainda quando se apresente como provocada sobrevida ou um avanço além do "ponto mortal", previsto segundo *id quod plerumque fit*, é matar. A vida, embora periclitante ou conservada pelo suprimento artificial da quase exaurida resistência orgânica ou fisiológica, não deixa de ser vida, do mesmo modo que não deixa de ser fogo a chama que bruxuleia por escassez de combustível.

Como se pode ver do argumento, a obstinação terapêutica seria a única possibilidade de ação aos profissionais de saúde, à despeito do custo físico e emocional do paciente, pois, de outra forma, eles estariam cometendo crime de homicídio doloso. Muitos penalistas, após o Ministro Hungria, seguiram tal entendimento, e consagrou-se, assim, a criminalização da ortotanásia no imaginário teórico jurídico.

Naturalmente que isso implicou uma atuação dos profissionais de saúde pautada por um *compliance* criminal, uma medicina defensiva fortemente estruturada para lidar com o imaginário teórico-jurídico de que ortotanásia é crime, e é preciso empregar todos os meios científicos para se manter a vida do paciente. Seria necessário constituir diversas provas prévias, defensivas, para deixar claro que não se tratava de homicídio doloso, mas sim de evitar causar ainda mais danos aos pacientes pela intervenção terapêutica.

A judicialização da relação médico-paciente pelo aspecto mais duro do Direito, que é o Direito Penal – e que deveria ser a última ferramenta jurídica de intervenção na tutela de algum bem jurídico –, acarretou a necessária edição de uma diretriz normativa por parte do Conselho Federal de Medicina acerca da ortotanásia pois, assim, os médicos estariam agindo no estrito cumprimento do dever legal ao realizá-la, o que seria causa excludente da ilicitude do "matar alguém". Com isso, a Resolução 1.805/2006, do Conselho Federal de Medicina, deixou clara a licitude da conduta e suas formalidades necessárias para assegurar direitos do médico e do paciente:

> Art. 1º É permitido ao médico limitar ou suspender procedimentos e tratamentos que prolonguem a vida do doente em fase terminal, de enfermidade grave e incurável, respeitada a vontade da pessoa ou de seu representante legal.
> § 1º O médico tem a obrigação de esclarecer ao doente ou a seu representante legal as modalidades terapêuticas adequadas para cada situação.
> § 2º A decisão referida no *caput* deve ser fundamentada e registrada no prontuário.
> § 3º É assegurado ao doente ou ao seu representante legal o direito de solicitar uma segunda opinião médica.
> Art. 2º O doente continuará a receber todos os cuidados necessários para aliviar os sintomas que levam ao sofrimento, assegurada a assistência integral, o conforto físico, psíquico, social e espiritual, inclusive assegurando-lhe o direito da alta hospitalar.
> Art. 3º Esta resolução entra em vigor na data de sua publicação, revogando-se as disposições em contrário.

A resolução do CFM nasceu depois de uma ampla discussão técnica e social, especialmente consolidada no Simpósio sobre Terminalidade de Vida, organizado, em 2005, pelo CFM em São Paulo, quando foram ouvidos não apenas médicos, mas também bioeticistas, juristas e religiosos. Parte dos debates estão publicados na revista *Bioética* (2005, v. 13, n. 2), publicada pelo CFM.

O presidente do CFM, na época da publicação da resolução, Edson de Oliveira Andrade, enfatizou que a base ética da resolução se encontra na autonomia do médico em construí-la e também na autonomia do paciente em poder escolher o seu destino, o que teria fundamento constitucional. Acerca da inviolabilidade da vida, que Hungria defende como absoluta, Andrade também entende que não se trata de um dever, mas um direito que também inclui tratamento que lhe assegure a vida tanto quanto o direito a não se submeter a ele, especialmente quando esse tratamento ganha caráter de sofrimento, quando a obstinação terapêutica e o tratamento fútil já não representam ganho real ao indivíduo (ANDRADE, 2005, p. 31).

NO (CON)FIM DA VIDA

Se assim não for possível entendermos a ortotanásia, basicamente estaremos estabelecendo que não é possível morrer no Brasil sem que se tenha autorização do Poder Judiciário ou do Ministério Público. Aliás, por mais estranho que pareça, é essa a conclusão do Procurador da República Welington Marques de Oliveira, em sua petição inicial que questionou a constitucionalidade da Resolução 1.805/2006:

> Devem ser analisados todos os casos, mas caso a caso, de forma que, mesmo de *lege ferenda*, determinar se uma conduta médica ou dos representantes legais do paciente terminal, consciente ou não, capaz ou não, *deve obrigatoriamente* passar pelo crivo dos entes legitimados constitucionalmente para dar a última palavra sobre o fim de uma vida: O Ministério Público e o Judiciário (OLIVEIRA, 2007, p. 121).

Como mencionamos, uma das consequências do equívoco de considerar a ortotanásia como *eutanásia passiva* é a tentação de tipificá-la como crime. E isso reside no imaginário jurídico nacional, como demonstramos na análise feita por Nelson Hungria acerca do tema, e também presente na análise de outros juristas, como exemplo Maria Helena Diniz (2001, p. 303-304) e Vicente Guastini (1995, p. 1.418). É com base nesse imaginário que o Ministério Público Federal entrou com uma Ação Civil Pública contra o Conselho Federal de Medicina, em 9 de maio de 2007, em que pedia a revogação imediata da Resolução 1.805/2006 do CFM. Subsidiariamente, o Ministério Público Federal pedia a retificação da Resolução para que constasse a formalização do pedido de autorização para se morrer no Brasil, ou seja, que após um estudo multidisciplinar, fosse submetido todos os pedidos de ortotanásia previamente ao Ministério Público e ao Poder Judiciário (OLIVEIRA, 2007, p. 130).

Em decisão liminar, o juiz Federal Roberto Luis Luchi Demo, da 14ª Vara da Justiça Federal no Distrito Federal, suspendeu os efeitos da Resolução, em 23 de outubro de 2007. O juiz Federal considerou, nessa decisão, que, em análise superficial sobre a demanda, "parece caracterizar crime de homicídio", apesar de o Conselho Federal de Medicina ter apresentado justificativa nos autos de que a ortotanásia não antecipa o momento da morte, mas permite tão somente a morte em seu tempo natural.

A ação prosseguiu e o Ministério Público Federal reviu seu posicionamento e contrariou o que defendera na petição inicial, tanto que, em alegações finais, a Procuradora da República Luciana Loureiro Oliveira manifestou que:

> A ortotanásia não se confunde com a chamada eutanásia passiva. É que, nesta, é a conduta omissiva do médico que determina o processo de morte, uma vez que a sua inevitabilidade ainda não está estabelecida. Assim, os recursos médicos disponíveis ainda são úteis e passíveis de manter a vida, sendo a omissão do profissional, neste caso, realmente criminosa. A eutanásia, assim, na forma ativa ou passiva, é prática que provoca a morte do paciente, pois ainda não há processo de morte instalado, apesar do sofrimento físico e/ou psicológico que possa atingir o paciente. No entanto, a omissão em adotar procedimentos terapêuticos extraordinários quando a morte já é certa (ortotanásia), não produz a morte do paciente, uma vez que nenhum ato do médico sobre ele poderá evitar o evento do desenlace.
>
> (...)
>
> Diante de tais conceitos, passemos a contrariar a tese central desta demanda, segundo a qual a ortotanásia constituiria crime de homicídio.

Assim, em 1º de dezembro de 2010, o Juízo da 14ª da Justiça Federal de Brasília julgou totalmente improcedente a Ação Civil Pública por não entender que a Resolução 1.805/2006 do CFM seja antijurídica, uma vez que a conduta da ortotanásia é atípica, ou seja, não configura um crime já estabelecido em lei como tal (DEMO, 2010).

Interessante é notar que, seja nas alegações finais do Ministério Público Federal, seja na petição inicial, as duas manifestações falam em princípios da Bioética, listando como tais a autonomia, a beneficência e não maleficência. No caso da petição inicial, que era contrária à ortotanásia, a peça não reconhece tais princípios na construção do raciocínio jurídico para alegar que se trata de homicídio doloso. Por outro lado, quando utilizados tais elementos na construção do raciocínio jurídico, a conclusão é completamente diferente.

Conforme demonstramos, os princípios da Bioética (independentemente do modelo de argumentação) são utilizados pelo Direito como *princípios gerais do Direito*, um recurso de integração normativa em caso de lacunas, ou quando não se é claro qual o direito aplicável ao caso concreto por se tratar de situações complexas. E aqui se vê a importância dos princípios da Bioética para a fundamentação jurídica: a utilização deles como princípios gerais do Direito não apenas orientou a melhor compreensão do suporte fático, como também permitiu que o ordenamento estivesse mais bem adequado para lidar com um problema contemporâneo complexo.

Também do mesmo modo como demonstramos no capítulo 3, a influência do pensamento principiológico norte-americano é forte. Em nenhum

Henderson Fürst

momento foi considerado qualquer outro modelo de argumentação em Bioética, menos ainda se avaliou se esse modelo seria o melhor para ser aplicado de acordo com as circunstâncias.

A Resolução do CFM não foi a primeira tentativa de regularizar a situação de insegurança jurídica que a lacuna normativa causava diante do punitivismo da obstinação terapêutica. Anteriormente, havia previsão do Código de Saúde do Estado de São Paulo (Lei Complementar 791/1995) e também a Lei Paulista 10.241/1999, também conhecida como "Lei Covas". Entre os católicos, a influência dava-se, e ainda se dá, pela Carta Apostólica *Savifici Doloris*, de João Paulo II (1984).

Nas tentativas de legislar em âmbito nacional, o primeiro registro é o Projeto de Lei 4.662, de 1981, proposto pelo Deputado Inocêncio Oliveira. Dispunha a ementa do PL:

> Permite ao médico assistente o desligamento dos aparelhos de um paciente em estado de coma terminal ou na omissão de um medicamento que iria prolongar inutilmente uma vida vegetativa, sem possibilidade de recuperar condições de vida sofrível, em comum acordo com os familiares e dá outras providências.

Na justificativa do Projeto, o Deputado Federal considerava a postura de não prolongar o sofrimento como eutanásia, em vez do termo ortotanásia. Ainda na justificativa, o Deputado indica que na proposição não considera a eutanásia passiva, pois acredita que "existe apenas a eutanásia (morte sem sofrimento; prática pela qual se procura abreviar, sem dor ou sofrimento, a vida de um doente reconhecidamente incurável)". Queria ele regulamentar um fato que os profissionais de saúde já se deparavam comumente, "causando problemas às classes, aos hospitais e aos familiares".

No referido Projeto, seu artigo 1º estabelecia:

> Art. 1º É permitido ao médico assistente o desligamento dos aparelhos médicos de um paciente em estado de coma terminal ou na omissão de uma medicação que iria prolongar inutilmente uma vida vegetativa, sem possibilidade de recuperar condições de vida sofrível, em comum acordo com os familiares.
> Parágrafo único. O médico assistente deve oficiar o fato ao Conselho Regional de Medicina, descrevendo o quadro clínico do paciente.

Apesar de fundamentar que: (a) pela medicina, seria inútil prolongar a vida após a morte cerebral, causando apenas sofrimento em uma vida vegetativa, que não seria possível ser deliberada por médicos e familiares; (b) pela lei, embora não tenha respaldo, também não haveria óbice, uma vez que o homicídio estabelecido no artigo 121 do Código Penal se refere a tirar vida, enquanto a eutanásia proposta seria a abreviação do sofrimento e da morte inevitável; e (c) pela religião, a Igreja Católica se manifestou favoravelmente em alguns casos célebres, como o Padre Jaime Snoeck no caso Anne Kathreen, tais argumentos não foram suficientes, e o Projeto foi rejeitado e arquivado pela Comissão de Constituição e Justiça por ser inconstitucional e antijurídico.

Atualmente, dois Projetos tramitam no Congresso com o propósito de ratificar como lei a conduta já tornada antijurídica pela Resolução 1.805/2006 do CFM. O primeiro deles é o PL 6.715/2009, de autoria do Senador Gerson Camata, que propõe o acréscimo de um novo artigo ao Código Penal:

> Art. 136-A. Não constitui crime, no âmbito dos cuidados paliativos aplicados a paciente terminal, deixar de fazer uso de meios desproporcionais e extraordinários, em situação de morte iminente e inevitável, desde que haja consentimento do paciente ou, em sua impossibilidade, do cônjuge, companheiro, ascendente, descendente ou irmão.
>
> § 1º A situação de morte iminente e inevitável deve ser previamente atestada por 2 (dois) médicos.
>
> § 2º A exclusão de ilicitude prevista neste artigo não se aplica em caso de omissão de uso dos meios terapêuticos ordinários e proporcionais devidos a paciente terminal.

No Senado Federal, o referido Projeto teve aprovação por unanimidade pelos Senadores da Comissão de Constituição e Justiça, quando então foi encaminhado à Câmara Federal. Lá, em 8 de dezembro de 2010, também teve aprovação por unanimidade pelos Deputados Federais que compõem a Comissão de Seguridade Social e Família. Foi encaminhado à Comissão de Constituição e Justiça e de Cidadania apenas em 18 de setembro de 2017, tendo sido designado relator o Deputado Pastor Marco Feliciano (PSC-SP). Desde então, o Projeto segue parado.

O outro Projeto é o do Novo Código Penal – PL 236/2012 –, apresentado pelo Senador José Sarney, que propõe um novo enquadramento ao tema no que poderá ser o novo Código Penal brasileiro:

> Art. 122. Matar, por piedade ou compaixão, paciente em estado terminal, imputável e maior, a seu pedido, para abreviar-lhe sofrimento físico insuportável em razão de doença grave:
>
> Pena – prisão, de dois a quatro anos.

Henderson Fürst

§ 1º O juiz deixará de aplicar a pena avaliando as circunstâncias do caso, bem como a relação de parentesco ou estreitos laços de afeição do agente com a vítima.

Exclusão de ilicitude

§ 2º Não há crime quando o agente deixa de fazer uso de meios artificiais para manter a vida do paciente em caso de doença grave irreversível, e desde que essa circunstância esteja previamente atestada por dois médicos e haja consentimento do paciente, ou, na sua impossibilidade, de ascendente, descendente, cônjuge, companheiro ou irmão.

Embora não caiba aqui analisar os aspectos penais, por causa do recorte temático, importa enfatizar que a normatização projetada ignora o desenvolvimento dos debates feitos pela sociedade civil e, no que diz respeito ao tratamento jurídico da ortotanásia, além de não ficar explícito que se trata de situação lícita, ainda abre possibilidade de realização de eutanásia, sem que se utilize tal nome.

A discussão da regulamentação da ortotanásia é, além de cuidar da dignidade humana, também um caso de melhor otimização dos escassos recursos em saúde que temos no Brasil. Já em 2006, o Professor Reinaldo Ayer, membro do Conselho Regional de Medicina de São Paulo (Cremesp) e professor da Faculdade de Medicina da Universidade de São Paulo, em entrevista à *Gazeta Digital* deixou claro que:

A UTI é um local com concentração de equipamentos e pessoas diferenciadas para atender os pacientes com uma piora aguda no quadro com terapias disponíveis para ajudá-lo. Só que hoje cerca de 30% dos pacientes que são levados para lá não têm nenhuma expectativa de melhora, ou seja, não há mais tratamento para eles. Isto não quer dizer que estes pacientes devem ser abandonados. Eles devem ficar no quarto ou na unidade semi-intensiva, recebendo cuidados paliativos perto da família.[68]

Com isso, podemos ver claramente os problemas causados pela obstinação terapêutica que era fomentada pelo Direito antes da Resolução do CFM, tornando a morte cada vez mais sem lugar na vida.

Como são poucos os relatos acerca de ortotanásia que demonstre a importância do ato, convidamos o leitor a ler depoimento acerca disso para ilustrar a humanização que significa na vida que consta no epílogo desta obra.

---

68 Disponível em: <http://bit.ly/24ZXxaf>. Acesso em: 17 fev. 2018.

CONSIDERAÇÕES FINAIS

1. Direito, moral e ética são três formas de normatização da vida que nasceram conjuntamente e se distinguiram de diversos modos em cada sociedade. Todavia, ainda que com diferentes formas de distinção, usualmente os elementos se confundem, quando não se tem muita clareza na aplicação de uma dessas técnicas de normatização da vida.

2. Diversos são os sentidos atribuídos ao conceito de moral e ética, podendo ser agrupados entre aqueles que veem como sinônimas e entre os que as consideram distintas ou até mesmo opostas.

3. A moralidade é apresenta-se como uma diretriz comportamental para estabelecer o que se espera de um indivíduo num grupo social em determinado momento, e altera-se de formas distintas ao longo do tempo, de tal forma que alguns comportamentos assumem ou perdem seu caráter moral, e isso pode implicar em efeitos jurídicos.

4. As situações bioéticas normalmente correspondem a situações fáticas inéditas, seja pelo avanço biotecnológico, que antes não estava disponível, seja porque fatos sociais passaram a ser experimentados de formas diferentes por alguns indivíduos. Por conta disso, as situações bioéticas invariavelmente não possuem moralidade constituída

5. A despeito da primeira formulação da Bioética por Fritz Jahr em 1927 sugerir que se dirija mais ao meio ambiente, acreditamos que, no contexto em que se encontrava, Jahr pretendia dizer que deveríamos respeitar toda forma de vida, inclusive animais, plantas e, tanto mais ainda, seres humanos.

6. Posteriormente, Van R. Potter formulará o termo *Bioética* diante de diversos abusos científicos e com a sociedade ainda assombrada pelas cenas dos campos de concentração nazista, razão pela qual o termo nasce com muita aceitação e profunda significação, ainda que sem propriamente um corpo de doutrina.

7. No séc. XX, perde-se a confiança epistemológica do positivismo, instalando-se uma sensação de perda irreparável do conhecimento. A consciência do conhecimento passou a demonstrar que era preciso mais da epistemologia e da ciência para dar conta da complexidade que há por trás do mundo como o compreendemos. Assim, a convicção do paradigma positivista que alimentou a ciência pós-Galileu está se esgotando, sendo necessário encontrar fundamentos que melhor estruturem a nova forma de compreender a ciência e sua relação com a sociedade e o mundo.

8. Diferentemente das ciências marcadamente cartesianas e, posteriormente, positivistas, que eram definidas por um método próprio de abordagem do conhecimento especializado, as ciências pós-positivistas são definidas pelo objeto complexo que constituem, e não mais pelo método. Isso porque a complexidade de seu objeto demanda não apenas um método específico, mas um arranjo metodológico de diversas formas de conhecimento para que se possa encontrar a resposta mais precisa e aceitável pela comunidade científica de seu tempo.

9. Na Bioética, é possível estabelecermos três categorias de métodos: (1) aqueles que são utilizados para explorar o suporte fático do que se analisa; (2) aqueles que são utilizados para compreender os problemas éticos e teóricos; (3) aqueles que são utilizados para dar suporte à tomada de decisão. No primeiro caso, estamos diante de estudos empíricos, que colhem dados da realidade; no segundo caso, de métodos hermenêuticos para compreender a realidade e elaborá-la de acordo com a melhor forma de compreender seus problemas; no terceiro caso, estamos diante de situações que demandam uma decisão, uma resposta a algum problema, uma resposta ou um suporte à pergunta de qual a melhor forma de agir – ou, o inverso, quais as formas que não se pode agir. Essa terceira categoria metodológica da Bioética está diretamente relacionada com o Direito e com a conjuntura pós-positiva, pois a ciência não apenas observa, como também interfere; não apenas levanta dados, mas possibilita a intervenção da realidade. A Bioética, tal como o Direito, além dos aspectos teórico, zetético, perquiritório e abstrato que formulam teorias, fundamentos e parâmetros, também possui o aspecto de técnica, decidibilidade

NO (CON)FIM DA VIDA

10. Para garantir que o ordenamento jurídico não tenha lacunas, o Direito criou instrumentos de integração institucionais, que são ferramentas de resolução das lacunas advindas explicitamente do próprio sistema jurídico. Como reminiscência do movimento jusnaturalista, ao qual se acreditava que racionalmente poderia se encontrar o justo aplicável ao caso concreto, estabeleceu-se a técnica de recorrer aos princípios gerais do Direito, que seriam postulados pressupostos pelo sistema codificado, cuja aplicação obedeceria às regras do método dedutivo axiomático. Na prática, os princípios gerais do Direito são tópicos argumentativos e sistematizam uma forma de atribuir resposta jurídica à solução de antinomias ou de lacunas que decorrem da própria evolução do Direito privado. Tal técnica de preenchimento de lacunas legislativas foi adotada pelo ordenamento jurídico brasileiro, ao lado da analogia e dos costumes, nos termos do artigo 4º da Lei de Introdução às Normas do Direito Brasileiro

11. Nas situações complexas envolvendo Bioética e Direito, em que não é clara a norma a ser utilizada, o instrumento de integração normativa previsto pelo ordenamento a ser aplicável serão os princípios gerais do Direito. E, diante da natural ausência de construção histórica de axiomas cabíveis para integrar normativamente o ordenamento, os modelos hermenêuticos principiológicos da Bioética servem como substrato para o reconhecimento de novos princípios gerais do Direito. Assim, utiliza-se os princípios da Bioética e reconhece-os no ordenamento jurídico, atribuindo-lhes conteúdo jurídico por meio de argumentação, e dando-lhes caráter normativo e, portanto, coercitivo.

12. Diante do risco de discricionariedade interpretativa para a resolução de casos que demandem a utilização de modelos bioéticos na forma de princípios gerais do Direito, é necessário que se determinem alguns critérios para a utilização de princípios bioéticos como princípios gerais do Direito. Nessa pesquisa, foram propostos os seguintes critérios:

(a) Compatibilidade constitucional

(b) Vedação ao retrocesso de direitos fundamentais

(c) Historiciedade

(d) vedação à substituição de suportes normativos expressos

(e) dever de fundamentação congruente

13. Historicamente, o conhecimento bioético-científico foi formulado dentro de institutos de ciências biomédicas por pesquisadores ligados às ciências da saúde, e que apenas tardiamente a Bioética passou a ser integrada por pesquisadores de ciências humanas e sociais aplicadas, resultando em proliferação de pesquisas empíricas em Bioética. Além disso, o desenvolvimento inicial da Bioética em institutos de ciências biomédicas propiciou que o corpo doutrinário inicial da Bioética fosse baseado nos princípios de ética biomédica desenvolvido pelo relatório de *Belmont* e, posteriormente, por Beauchamp e Childress.

14. A despeito da necessidade de compreender o contexto do desenvolvimento biotecnológico e da biomedicina, a Bioética desenvolveu-se como um saber prático da ética e passou a realizar a análise casuística dos diversos problemas que lhe foram apresentados, e a melhor forma que a prática inicial encontrou foi aplicar princípios, ponderar valores em relação a casos concretos valendo-se dos recursos da ética médica e do Direito, quando disponíveis, e avaliar riscos e malefícios diante dos benefícios esperados. Dessa forma que o principialismo norte-americano foi a germinação doutrinária da Bioética e assim foi transplantada para o Direito brasileiro, apesar dos esforços de influentes pesquisadores e centros de pesquisa que propuseram outros caminhos que se adequassem melhor à realidade brasileira.

15. Observamos que, nos últimos cinco anos, as pesquisas catalogadas pela Capes em "Biodireito" baseadas no modelo bioético do relatório de *Belmont*, constituem quase metade dos estudos, muito maior que a influência de qualquer outro modelo.

16. A necessidade de buscar um modelo latino-americano de Bioética se deve porque o suporte fático bioética no contexto latino-americano muitas vezes não tem qualquer previsibilidade nos modelos de outros contextos, pois são intrinsicamente particulares ao contexto latino-americano, ou ainda as bases axiológicas são diferentes, seja pelo fator histórico, seja pelo contexto socioeconômico.

17. Na década de 1990, a Bioética passa por uma recriação na América Latina, representando a terceira etapa de uma evolução que começou em 1970. Isso acontece justamente na mesma década em que ganha força o pensamento descolonial na América Latina. Na Bioética se vê o movimento de descolonização se manifestar, recriando-se a si mesma de uma maneira que incorpora tradições intelectuais e morais extraídas da própria cultura latina. Na maioria dos países, pode-se descrever elementos organizados do discurso Bioético na academia, na clínica e na saúde pública. Ao passo

NO (CON)FIM DA VIDA

que cada país desenvolve sua própria cultura em Bioética, também são realizados encontros regionais que promovem a troca de conhecimentos e experiências, num intercâmbio que fomenta a criação de um pensamento Bioético comum à América Latina.

18. Costuma-se destacar, dentre as características de um modelo bioético latino-americano, um caráter mais político e de intervenções social e pública do que uma matéria acadêmica de suporte à tomada de decisão em questões clínicas de cuidado da saúde. O papel central que a autonomia tem na Bioética norte-americana é ocupado pela solidariedade e pela justiça na Bioética latino-americana, de tal modo a orientar as políticas de saúde que abrangem o acesso universal aos cuidados de saúde e acentuando a justiça e a equidade distributiva na alocação de recursos de saúde. Quer-nos parecer que, mais que a solidariedade e a justiça, o elemento que marca a Bioética latino-americana é a vulnerabilidade. Isso porque a desigualdade social e a desvalorização da vida, elementos característicos a toda América Latina, fazem que a preocupação com o *quantum* vulnerável de cada indivíduo e cada coletivo seja o ponto do qual emergem os fatores da solidariedade e da justiça. Ou seja, a solidariedade e a justiça só se manifestam na Bioética latino-americana porque decorrem da preocupação com a vulnerabilidade que é imanente a toda condição Bioética que se analisa na América Latina.

19. O reconhecimento da vulnerabilidade como premissa para a eticidade da pesquisa com seres humanos deixa clara a condição que deve ser natural a todas as questões que envolvam o questionamento Bioético abrangendo seres humanos na América Latina: o quão vulnerável está cada humano envolvido. Assim, a despeito do modelo hermenêutico de Bioética que se adote para compreender um sistema, é preciso reconhecer a condição de vulnerabilidade que há inata, velada ou reprimida em cada caso apresentado no contexto latino-americano.

20. Para demonstrar a utilização de modelos hermenêuticos da Bioética como princípios gerais do Direito, analisamos situações de final de vida, em especial a ortotanásia, e observamos que, contemporaneamente a morte tornou-se complexa. A mudança de lugar do morrer não implicou simplesmente a alteração física, tampouco apenas alterou os personagens que circulam o moribundo e a ritualística da morte. A morte moderna implicou a alteração de postura social e individual com o morrer, criando-se um novo paradigma que retira do ciclo da vida o ato de morrer, como se morrer não fosse natural. Em reflexo a isso, as biotecnociências se debruçaram a produzir novas formas de dominar a vida, em uma luta imaginária contra a morte.

21. Não seria necessário falarmos em ortotanásia se a morte, nesse contexto, não tivesse um "deslugar" na vida da sociedade contemporânea. E tamanho é o deslugar da morte que muitos erroneamente classificam a ortotanásia como eutanásia passiva, uma vez que se interrompe a intervenção para deixar que a morte ocorra naturalmente – e a essa omissão de cuidados se atribui o termo *passivo*; quando a vida fosse abreviada pela utilização de algum recurso, seria a forma *ativa* de eutanásia. Há três equívocos nessa compreensão. A primeira se dá pela natureza de cada ação; a segunda pelo reconhecimento na forma de intervenção terapêutica da ortotanásia; e a terceira pela criminalização da ortotanásia, confundindo com homicídio doloso.

22. O marco regulatório da Ortotanásia no Brasil se deu pela Resolução 1.805/2006 do CFM, em que é nítida a influência de modelos hermenêuticos da Bioética. Posteriormente, quando a Resolução teve sua constitucionalidade questionada pelo Ministério Público Federal, pudemos constatar como um modelo hermenêutico da Bioética foi utilizado como princípios gerais do Direito, interferindo na construção do raciocínio jurídico acerca da questão, o que levou à melhor compreensão da situação fática, dos dilemas éticos envolvidos e da incidência normativa, comprovando a tese apresentada de que princípios bioéticos são tomados na fundamentação jurídica como princípios gerais do Direito, contribuindo tanto para melhor compreender o suporte fático quanto melhor adequar o suporte normativo à questão analisada.

Henderson Fürst

REFERÊNCIAS

ABBAGNANO, Nicola. *Diccionario de filosofia*. 4. ed. Ciudad de México: Fondo de Cultura Económica, 2004.

AGAMBEN, Giorgio. *O que resta de Auschwitz*. São Paulo: Boitempo, 2008.

ALEXY, Robert. *Derecho y razón práctica*. Ciudad de México: Fontamara, 2010.

————. *La institucionalización de la justicia*. Granada: Comares, 2005.

AMDUR, Robert; BANKERT, Elizabeth. *Institutional review book*. 3. ed. London: Jones and Bartlett, 2011.

ANDRADE, Edson de Oliveira. A ortotanásia e o direito brasileiro. *Revista Bioethikós*. São Paulo, v. 5, p. 28-34, 2011.

ANJOS, Márcio Fabri dos. Eutanásia em chave de libertação. *Boletim ICAPS* ano 7, n. 57, 1989.

————. Conflitos de convicções em bioética clínica. *Horizonte*. Belo Horizonte: PUC-MG, v. 11, n. 30, p. 607-626, abr./jun. 2013

————. A vulnerabilidade como parceira da autonomia. *Revista Brasileira de Bioética*. Brasília, v. 2, p, 173-185, 2006.

————. Bioética Clínica, biopolítica e exclusão social. IN: SIQUEIRA, J.E.; ZOBOLI, E; SANCHES, M.; PESSINI, L. *Bioética Clínica* (Memórias do XI Congresso Brasileiro de Bioética, III Congresso Brasileiro de Bioética Clínica, e III Conferência Internacional sobre o Ensino da Ética). Brasília CFM/SBB, 2016 p. 37-52.

ARIÈS, Philippe. *Sobre a história da morte no Ocidente desde a Idade Média*. Lisboa: Teorema, 1989.

————. *O homem perante a morte*. Lisboa: Europa-América, 2000.

————. *O homem perante a morte II*. Lisboa: Europa-América, 1988.

ARISTÓTELES. HORÁCIO. LONGINO. *A poética clássica.* São Paulo: Cultrix, 2005.

ÁRNASON, Vilhjálmur. Guest editorial. *Cambridge quarterly of healthcare ethics.* Cambridge, v. 21, n. 2, p. 150-153, abr. 2012.

ARRAS, John D. The Jewish chronic disease hospital case. In: EMANUEL, Ezekiel J. et al. *Oxford Textbook of Clinical Research Ethics.* New York: Oxford University Press, 2008.

BEAUCHAMP, T.; CHILDRESS, J. F. *Principles of biomedical ethics.* 4. ed. New York-Oxford: Oxford University Press, 2001.

BENVENISTE, Émile. *O vocabulário das instituições indo-européias.* Campinas: Unicamp, 1995.

BINDING, Karl; HOCHE, Alfred. *Die Freigabe der Vernichtung lebensunwerten Lebens:* Ihr Maß und ihre Form. Leipzig: Felix Meiner, 1920.

BORRY, P.; SCHOTSMANS, P.; DIERICKX, K. The birth of the empirical turn in bioethics. *Bioethics*, Leuven, v. 19, p. 49-71, 2005.

BOURGEAULT, Guy. L'éthique et le droit face aux nouvelles technologies bio-médicales. *Prolégomènes pour uma bioéthique.* Montréal: Presses de l'Université de Montréal, 1990.

BRANDÃO, José Luiz. Páginas de Suetónio: a morte de Augusto ou o "mimo da vida". *Boletim de estudos clássicos.* Coimbra, v. 59, p. 61-73, 2007.

BRANDT, A. M. Racism and research. The case of the Tuskegee syphilis study. *Hastings Center Report.* New York, v. 8, n. 6, p. 21-29, 1978.

CAPLAN, A. L. Twenty years after. The legacy of the Tuskegee syphilis study. When evil intrudes. *Hastings Center Reports.* New York, v. 22, n. 6, p. 29-32, 1992.

CARNIO, Henrique Garbellini. *Kelsen e Nietzsche:* aproximações do pensamento sobre a gênese do processo de formação do direito. Dissertação de Mestrado, São Paulo: PUC/SP, 2008.

————. Entre a ética e o código de ética da advocacia. In: LIMA, Fernando Rister de Souza; GOES, Ricardo Tinoco de; GUERRA FILHO, Willis Santiago (coords.). *Compêndio de ética jurídica moderna.* Curitiba: Juruá, 2011.

CARPENTIER, Alejo. *O reino desse mundo.* São Paulo: Martins Fontes, 2010.

CASSEL, E. J. The principles of the Belmont Report revisited: how have respect for person, beneficence, and justice been applied to clinical medicine? *Hastings Center Report.* New York, EUA, v. 30, n. 3, p. 12-21, 2000.

CHAVES, M. Complexidade e transdisciplinaridade: uma abordagem multidimensional do setor saúde. *Revista Brasileira de Educação Médica.* v. 22, n. 1, p. 7-18, 1998.

CHILDRESS, James. Principles-oriented bioethics. An analysis and assessment from within. In: DUBOSE, E.; HAMEL, R.; O'CONNELL, L. J. (orgs.) *A matter of principles? Ferment in U.S. bioethics*. Valley Farge: Trinity International, 1994.

COULANGES, Fustel. *As cidades antigas*. São Paulo: Martin Claret, 2009.

COUTURE, Eduardo. *Os mandamentos do advogado*. Porto Alegre: Sérgio Antônio Fabris, 1999.

D'AGOSTINO, Francesco. *Bioética segundo o enfoque da filosofia do direito*. Unisinos, 2005.

DELFANTE, Charles. *A grande história da cidade* – da mesopotâmia aos Estados Unidos. Lisboa: Instituto Piaget, 2000.

DEMO, Roberto Luis Luchi. Sentença na Ação Civil Pública n. 2007.34.00.014809-3 proposta pelo Ministério Público Federal contra o Conselho Federal de Medicina. Disponível em: <https://www.conjur.com.br/dl/sentenca-resolucao-cfm-180596.pdf>. Acesso em 14 fev. 2018.

DESCOMBES, Vincent. Il y a plusieurs morales et plusieurs éthiques. *Magazine littéraire*, n. 361, p. 40, jan. 1998.

DIAMOND, E. F. The Willowbrook experiments. *The Linacre Quarterly*. Pennsylvania, EUA, v. 40, n. 2, p. 133-37, may 1973.

DINIZ, Maria Helena. *O estado atual do biodireito*. São Paulo: Saraiva, 2001.

DURAND, Guy. *Introdução à bioética*. São Paulo: Loyola, 2003.

DURKHEIM, Émile. *Da divisão do trabalho social*. 2. ed. São Paulo: Martins Fontes, 1999.

DUSSEL, Enrique. *Filosofia da Libertação*. São Paulo: Loyola, 1973, Vol. II.

———. *Ética da Libertação na idade da globalização e da exclusão*. Petrópolis: Vozes, 2000

DWORKIN, Ronald. *A justiça de toga*. São Paulo: Martins Fontes, 2010.

———. *Levando os direitos a sério*. São Paulo: Martins Fontes, 2002.

———. *O império do direito*. São Paulo: Martins Fontes, 2003.

EISSLER, K. R. *The Psychiatrist and the dying patient*. New York: International University Press, 1995.

ELIAS, Norbert. *A solidão dos moribundos*. Rio de Janeiro: Zahar, 2001.

ENGELHARDT Jr., H. Tristram. *Fundamentos da bioética*. Tradução de José A. Ceschin. São Paulo: Edições Loyola, 2008.

FAGUNDES, Maria José Delgado et al. Análise da propaganda e publicidade de medicamentos e o controle público. In: FORTES, Paulo Antônio de Carvalho;

ZOBOLI, Elma Lourdes Campos Pavone. *Bioética e saúde pública*. 3. ed. São Paulo: Loyola, 2009.

FEITOSA, Saulo; NASCIMENTO, Wanderson Flor do. A bioética de intervenção no contexto do pensamento latino-americano contemporâneo. *Revista de bioética*. v. 23, n. 2, p. 277-84, maio/ago. 2015.

FERRAZ JR., Tércio Sampaio. *A ciência do direito*. São Paulo: Atlas, 1977.

FERRER, Jorge José; ÁLVAREZ, Juan Carlo. *Para fundamentar a bioética*. São Paulo: Loyola, 2005.

FÜRST, Henderson. A importância das ideologias para a bioética e o biodireito. *Revista dos Acadêmicos de Direito UNESP*. Franca, SP, v. 14, p. 211-40, 2011.

FORTIN, Pierre. *La morale, l'éthique, l'éthicologie*: une triple façon d'aborder les questions d'ordre moral. Sainte-Foy: Presses de l'Université du Québec, 1995.

FOUCAULT, Michel. A ética do cuidado de si como prática da liberdade. *Idem, ditos & escritos V – ética, sexualidade, política*. Rio de Janeiro: Forense Universitária, 2004a.

————. Uma estética da existência. *Idem, ditos & escritos V – ética, sexualidade, política*. Rio de Janeiro: Forense Universitária, 2004b.

————. *A hermenêutica do sujeito*. São Paulo: Martins Fontes, 2004c.

FRITH, Lucy. Empirical ethics: a growing area of bioethics. *Clinical Ethics*. Hagerstown, MD, v. 5, p. 51-53, 2010.

GADAMER, Hans-Georg. *Années d'apprentissage philosophique.*Paris: Critérion, 1992.

GALILEI, Galileu. *O ensaiador.* São Paulo: Abril Cultural, 1983. Coleção Os Pensadores.

GARRAFA, Volnei. A bioética e sua participação na evolução das organizações políticas. In: NEVES, Maria; LIMA, Manuela. *Bioética ou bioéticas*. Coimbra: Luso-brasileira, 2004.

————. Da bioética de princípios uma bioética interventiva. *Revista Bioética*. Brasília, DF, v. 13, n. 1, p. 125-34, 2005.

————. Inclusão social no contexto político da bioética. *Revista Brasileira de Bioética*. Brasília, DF, v. 1, n. 2, p. 122-32, 2005. Disponível em: <https://bioetica. catedraunesco.unb.br/wp-content/uploads/2016/09/RBB-2005-12.pdf>. Acesso em: 15 jan. 2018.

————; KOTTOW, Miguel; SAADA, Alya. (orgs.). *Bases conceituais da bioética*: enfoque latino-americano. São Paulo: Gaia, 2006.

GHALY, Mohammed (ed.). *Islamic perspectives on the principles of biomedical ethics*. London: Imperial College Press, 2016.

NO (CON)FIM DA VIDA

GIACÓIA JR., Oswaldo. A filosofia como diagnóstico do presente: Foucault, Nietzsche e a genealogia da ética. In: MARIGUELA, Márcio (org.). *Foucault e a destruição das evidências*. Piracicaba-SP: Unimep, 1995.

GOLDIM, José Roberto. Aspectos bioéticos no ciclo vital. In: ELZIRIK, Cláudio Laks; BASSOLS, Ana Margareth Siqueira. *O ciclo da vida humana*: uma perspectiva psicodinâmica. 2. ed. Porto Alegre: ArtMed, 2012.

————. Bioética complexa: uma abordagem abrangente para o processo de tomada de decisão. *Revista da AMRIGS*. Porto Alegre, v. 53, n. 1, p. 58-63, jan.-mar. 2009

————. Caso Terri Schiavo. Retirada de tratamento. Porto Alegre, ago. 2005. Disponível em: <https://www.ufrgs.br/bioetica/terri.htm>. Acesso em: 13 fev. 2018.

GOLDMAN, L. The Willowbrook debate: concluded? *World Medicine*. Bethesda, MD, v. 9, n. 2, p. 79-90, oct. 1973.

GONTIJO, Fernanda Belo. O apolíneo e o dionisíaco como manifestações da arte e da vida. *Existência e Arte, Revista Eletrônica do Grupo PET – Ciências Humanas, Estéticas e Artes da Universidade Federal de São João Del-Rey*. São João Del-Rey, MG, n. II, ano 2, jan./dez. 2006.

GRACIA, Diego. *Fundamentación e enseñanza de la bioética*. Bogotá: Búho, 1998.

GRACIA, Diego. *Fundamentos de bioética*. Eudema, 1989

GUASTINI, Vicente. *Código Penal e sua interpretação jurisprudencial*. São Paulo: RT, 1995.

GUERRA FILHO, Willis Santiago. *Teoria política do direito*: uma introdução política ao direito. Rio de Janeiro: Lumen Juris, 2016.

GUEST, Stephen. *Ronald Dworkin*. São Paulo: Elsevier, 2010.

HABERMAS, Jürgen. *A ética da discussão e a questão da verdade*. Trad. Marcelo Brandão Cipolla. São Paulo: Martins Fontes, 2007.

HART, Herbert L. A. *O conceito de direito*. 5. ed. Trad. A. Ribeiro Mendes. Lisboa: Calouste Gulbenkian, 1994.

HEIDEGGER, Martin. *Que é uma coisa?* Doutrina de Kant dos princípios transcendentais. Lisboa: Edições 70, 1972.

HEISENBERG, Werner. *A Imagem da Natureza na Física Moderna*. Lisboa, Livros do Brasil, s. d. Coleção vida e cultura. v. 91.

HENNEZEL, Marie de. *Diálogo com a morte*. Lisboa: Editorial Notícias, 1977.

————. *Nós não nos despedimos*. Lisboa: Editorial Notícias, 2001.

HESÍODO. *Teogonia*. A origem dos deuses. Trad. Jaa Tarrano. 7. ed. São Paulo: Iluminuras, 2007.

HESSEN, Johannes. *Teoria do conhecimento*. Trad. de João Vergílio Gallerani Cuter. São Paulo: Martins Fontes, 2003.

HITLER, Adolf. *Mein Kampf.* München: Franz Eher, 1925.

HOLANDA, Sérgio Buarque. *O Homem Cordial.* São Paulo: Companhia das Letras, 2012.

HOSSNE, William Saad. Bioética – princípios ou referenciais. *Mundo Saúde.* São Paulo, SP, v. 30, p. 673-6, out./dez. 2006.

HUNGRIA, Nelson. Ortotanásia ou eutanásia por omissão. *Revista dos Tribunais.* São Paulo, v. 752, p. 749-53, jun. 1998.

HUNGRIA, Nelson; FRAGOSO, Heleno. *Comentários ao Código Penal.* 6. ed. Rio de Janeiro: Forense, 1982. v. 2.

IWASSO S. Cerca de 30% nas UTIs são terminais. *Gazeta Digital.* São Paulo, 30 jul 2006. Disponível em: <http://bit.ly/24ZXxaf>. Acesso em 13 fev. 2018.

JAPIASSU, Hilton. *Interdisciplinaridade e patologia do saber.* Rio de Janeiro: Imago, 1976.

JIMÉNEZ DE ASÚA, Luis. *Libertad de amar e derecho a morrir:* ensayos de un criminalista sobre eugenesia y eutanásia. Trad. Benjamin do Couto. Lisboa: Livraria Clássica Editora, 1929.

JONSEN, Albert. An alternative or a complement to principles? *Kennedy Institute of Ethics Journal.* Washington, DC, v. 5, p. 237-251, sep. 1995.

JUNGES, José Roque. *Bioética:* hermenêutica e casuística. São Paulo: Loyola, 2006.

––––––. O nascimento da Bioética e a constituição do biopoder. *Acta Bioethica.* Santiago, CL, v. 17, p. 171-8, nov. 2011.

––––––. Seleção de sexo: reflexões bioéticas em perspectiva teológica. CLOTET, Joaquim; GOLDIM, José Roberto (org.). *Seleção de sexo e bioética.* Porto Alegre: Edipucrs, 2004.

KANT, Imanuel. *Doutrina do direito.* 2. ed. São Paulo: Ícone, 1993.

KATZ, J. *Experimentation with human beings.* New York: Russel Sage Foundation, 1972.

KAUFMANN, Arthur. *Filosofia do direito.* Lisboa: Fundação Calouste Gulbenkian.

KRUGMAN, Saul. The Willowbrook hepatitis studies revisited: ethical aspects. *Reviews of Infectious Diseases.* Oxford, UK, v. 8, n. 1, p. 157-62, jan./feb. 1986.

LEVINE, Robert J. *Ethics and regulation of clinical research.* Baltimore: Urban & Schwarzenberg, 1981.

LÉVY-BRUHL, Lucien. *La mentalité primitive.* Paris: Librairie Félix Alcan, 1933.

LOLAS, Fernando Stepke. *Bioética y antropologia médica.* Santiago de Chile: Mediterráneo, 2000.

LUZ, Madel T. Complexidade do campo da saúde coletiva: multidisciplinaridade, interdisciplinaridade e transdisciplinaridade de saberes e práticas – análise sócio-histórica de uma trajetória paradigmática. *Saúde social.* São Paulo, v. 18, n. 2, p. 304-11, jun. 2009.

Machado, Antonio. *Poesias completas*. Madrid: Espasa-calpe, 2003

MAINETTI, José Alberto; PEREZ, Marta Lucia. Os discursos da bioética na América Latina e referências de bioética na Argentina. In: PESSINI, Leo; BARCHIFONTAINE, Christian de Paul (orgs.). *Bioética na ibero-américa*: história e perspectivas. São Paulo: Loyola, 2007.

MALCOLM, Andrew. Nancy Cruzan: end to long goodbye. *The New York Times*. 29.12.1990. Disponível em: <http://www.nytimes.com/1990/12/29/us/nancy-cruzan-end-to-long-goodbye.html>. Acesso em: 13 fev. 2018.

MALUF, Adriana Caldas do Rego Freitas Dabus. *Curso de bioética e biodireito*. 2. ed. São Paulo: Atlas, 2013

MANN, Thomas. *A montanha mágica*. São Paulo: Nova Fronteira, 2000.

MANN, Thomas. *Introdução à Montanha Mágica, para os estudantes da Universidade de Princeton, como Prefácio*. Trad. Richard Miskolci. Perspectivas, São Paulo, 1996.

MÁRQUEZ, Gabriel Garcia. Discurso ao ganhar o Nobel de Literatura. Estocolmo, 1982.

———. *Cem Anos de Solidão*. Rio de Janeiro: Record, 2015.

MASCARO, Alysson. *Introdução ao estudo do direito*. São Paulo: Atlas, 2015.

MELO, Helena Pereira. *Manual de biodireito*. Coimbra: Almedina, 2008.

MELO NETO, João Cabral de. *Morte e vida Severina*. Rio de Janeiro: Objetiva, 2007.

MIGNOLO, Walter. *La idea de América Latina*: la herida colonial y la opción decolonial. Barcelona: Gedisa Editorial, 2007.

MINAHIM, Maria Auxiliadora. *Direito penal e biotecnologia*. São Paulo: RT, 2005.

MORACHE, Georges. *Naissance et morte*: étude de sócio-biologie et de medicine légale. Paris: Félix Alcan Éditeur, 1904.

MORFAUX, Louis-Marie. *Vocabulaire de la philosophie et des sciences humaines*. Paris: Armand Colin, 1980.

MORIN, Edgar. *O homem e a morte*. Mem Martins: Europa-América, s.d.

MÜLLER, Friedrich. *O novo paradigma do direito*. São Paulo: RT, 2013.

NAMBA, Edison Tetsuzo. *Manual de bioética e biodireito*. 2. ed. São Paulo: Atlas, 2015.

NATIONAL COMMISSION FOR THE PROTECTION OF HUMAN SUBJECTS OF BIOMEDICAL AND BEHAVIORAL RESEARCH. *The Belmont Report: ethical principles and guidelines for the protection of human subjects of research*. Bethesda: The Comission, 1978.

NERY JUNIOR, Nelson; NERY, Rosa Maria de Andrade. *Código civil comentado*. São Paulo: RT, 2011.

NETTO, Matheus Papaléo; YUASO, Denise Rodrigues; KITADAI, Fabio Takashi. Longevidade: desafio no terceiro milênio. In: PESSINI, Leo; BARCHIFONTAINE, Christian de Paul de (orgs.). *Bioética e longevidade humana*. São Paulo: Centro Universitário São Camilo, 2006.

NEVES, Antonio Castanheira. *A crise actual da filosofia do direito no contexto global da crise da filosofia*. Tópicos para a possibilidade de uma reflexiva reabilitação. Coimbra: Coimbra Editora, 2003.

NIETZSCHE, Friedrich. *Gaia Ciência*. São Paulo: Cia. das Letras, 2012.

NOAKES, Jeremy; PRIDHAM, Geoffrey. *Nazism, 1919-1945*. Cornwal: UniversityofExeter Press, 1998. v. 3: Foreign policy, war and racial extermination: a documentary reader.

NORBERG-SCHULZ, Christian. *Genius Loci: paysage, ambiance, architecture*. Bruxelas: Pierre Mardaga Éditeur, 1981.

OLIVEIRA, Janio. O discurso de Creonte na Antígona de Sófocles. *Fragmentum*. Santa Maria, RS, v. 1, n. 38, p. 85-96, jul./set. 2013.

OLIVEIRA, Rafael Tomaz de. *Decisão judicial e o conceito de princípio*. Porto Alegre: Livraria do Advogado, 2008.

OLIVEIRA, Wellington Marques. Petição inicial da ação civil pública n. 2007.34.00.014809-3 proposta pelo Ministério Público Federal contra o Conselho Federal de Medicina em 9 de maio de 2007. Disponível em: <http://www.mpf. mp.br/pgr/copy_of_pdfs/ACP%20Ortotanasia.pdf/at_download/file>. Acesso em 14 fev. 2018.

PARAIN-VIAL, J. *Philosophic des sciences de la nature*. Tendances nouvelles. Paris, Klincksieck, 1983.

PASQUIER, Abel. *Mourir pour vivre? Les rites de passage et la foi chrétienne aujourd´hui*. Paris: Les Éditions Ouvrières, 2001.

PAULO II, Joao. Salvici Doloris. *Acta Apostolicae Sedis*. Vaticano, v. 76, p. 201-251, 1984.

PESSINI, Leo. Distanásia: Até quando investir sem agredir? *Revista Bioética*. Brasília, v. 4, n. 1, 2006.

————. *Morrer com dignidade*. 5. ed. Aparecida: Santuário, 2005.

————; BARCHIFONTAINE, Christian de Paul. *Problemas atuais de bioética*. 10. ed. São Paulo: Loyola/Centro Universitário São Camilo, 2012.

POIRIER, René. Prefácio. In: PARAIN-VIAL, Jean. Philosophic des Sciences de la Nature. Tendances Nouvelles. Paris, Klincksieck, 1983, p. 10.

PORTO D., GARRAFA, Volnei. Bioética de intervenção: considerações sobre a economia de mercado. *Revista Bioética*. Brasília, v. 13, n. 1, p. 111-123, 2005.

POTTER, V. R. *Bioethics*: bridge to the future. Englewood Cliffs: Prentice Hall, 1971.

————. *Global bioethics*. Michigan: Michigan State University, 1988.

————. Global bioethics: linking genes to ethical behavior. *Perspectives in biology and medicine*. v. 31, n. 1, p. 89-98, 1995.

————. Bioethics: the science of survival. *Perspecives in biology and medicine*. v. 14, n.1, p. 127-153, 1970.

PROCTOR, Robert. *Racial hygiene*: medicine under the nazis. Cambridge: Harvard University Press, 1988.

PUCA, Antonio. Bioetiche a confronto: comparazionetra bioetica anglo-americana, europea, latino-americana, africana e asiatica. *Bioethikos*. São Paulo, v. 7, n. 1, p. 44-58, 2013.

QUIJANO, Aníbal. *Imperialismo y Marginalidad en América Latina*. Lima: Mosca Azul, 1977.

————. Poder y democracia en el socialismo. *Sociedad y Política*. Lima, n. 12, 1981.

————. La nueva heterogeneidad estructural de América Latina. In SONNTAG, Heinz (ed.). *Nuevos temas, nuevos contenidos*. Caracas: UNESCO/Nueva Sociedad, 1988a.

————. *Modernidad, identidad y utopía en América Latina*. Lima: Ediciones Sociedad y Política, 1988b.

QUINTANAS, Anna. *Bioética, biopolítica e tanatopolítica*. A obsessão doentia pela saúde perfeita. Disponível em: <http://www.ihu.unisinos.br/entrevistas/536257-bioetica-uma-etica-para-a-vida-entrevista-especial-com-anna-quintanas>. Acesso em: 15 out. 2014.

REALE, Miguel. *Lições preliminares de direito*. 25. ed. São Paulo: Saraiva, 2000.

REICH. Warren (org.). *The encyclopedia of bioethics*. New York: Simon & Schuster Macmillan, 1995. t. 5.

REICHENBACH, H. *From Copernicus to Einstein*. Nova Iorque: Dover Publications, 1970.

REVERBY, S. M. More than fact and fiction: cultural memory and the Tuskegee Syphilis Study. *Hastings Center Report*. v. 31, n. 5, p. 22-30, 2001.

RIBEIRO, Darcy. *A América Latina existe?* Brasília: Editora UnB; 2010.

RICE, T. W. The historical, ethical, and legal background of human-subjects research. *Respiratory care*. v. 53, n. 10, p. 1.325-1.330, 2008.

RICOEUR, Paul. *Soi-mêmecomme um autre*. Paris: Seuil, 1990.

RODOTÀ, Stefano. *L'Apello sospetto ala legge*. Il Manifesto, 23 dez. 2006.

RULFO, Juan. *Pedro Páramo*. Rio de Janeiro: Record, 2009.

SÁ, Maria de Fática Freire de; NAVES, Bruno Torquato de Oliveira. *Manual de Biodireito*. 3. ed. Belo Horizonte: Del Rey, 2015.

SANTOS, Mário Ferreira dos. *Dicionário de filosofia e ciências sociais*. São Paulo: Matese, 1963. v. 3.

SCHRAMM, Fermin Roland. Uma breve genealogia da bioética em companhia de Van Rensselaer Potter. *Bioethikos*. v. 5, n. 3, p. 302-310, 2011.

SCLIAR, Moacyr. *A face oculta*. Inusitadas e reveladoras histórias da medicina. Porto Alegre: Artes e Ofícios, 2001.

SERRES, Michel. *Génétique, procréation et droit*. Paris: ActesSud, 1985.

SHAFER, J. K.; USILTON, L. J.; GLEESON, G. A. Untreated syphilis in the male negro. *Publich Health Reports*. v. 69, n. 7, p. 684-690, 1954.

SHOMALI, Mohammed Ali. Islamic bioethics: a general scheme. *Journal of Medical Ethics and history of medicine*. v. 1, n. 1, 2008.

SILVA, José Nuno Ferreira da. *A morte e o morrer*. Porto: Edições Afrontamento, 2012.

SILVA, Reinaldo Pereira e. *Introdução ao biodireito*. São Paulo: LTr, 2002.

SMITH, W. J. Revisiting the Belmont Report. *Hastings Center Report*. v. 31, n. 2, p. 5-11, 2001.

SOFAIR, André N.; KALDJIAN, Lauris C. Eugenic sterilization and qualified nazi analogy: the United States and Germany, 1930-1945. *Annals of Internal Medicine*. v. 132, n. 4, p. 313-317, 2000.

SÓFOCLES. *A trilogia tebana:* Édipo Rei, Édipo em Colono, Antígona. Trad. Mario da Gama Kury. Rio de Janeiro: Jorge Zahar, 2011.

SPOTA, Alberto G. *O juiz, o advogado e a formação do direito através da jurisprudência*. Porto Alegre : Fabris, 1987.

STRECK, Lenio. *O que é isto* – Decido conforme minha consciência. 3. ed. Porto Alegre: Livraria do Advogado, 2012.

―――. *Verdade e consenso*. Rio de Janeiro: Lumen Juris, 2009.

SUGARMAN, J.; FADEN, R.; WEINSTEIN, J. A decade of empirical research in bioethics. In: SUGARMAN, J.; SULMASY, D. (eds.). *Methods in medical ethics*. Georgetown: Georgetown University Press, 2001.

THOMAS, Lous-Vincent. *Rites de mort*. Paris: Fayard, 1985.

THOMAS, S. B.; GUINN, S. C. The Tuskegee Syphilis Study, 1932 to 1972: implications for HIV education and AIDS risk education programs in the black community. *American Journal of Public Health*. v. 81, n. 11, p. 1.498-1.501, 1991.

VEATCH, Robert M. Considerations about the determination of death. In: SELF, Donnie J. (ed.). *Philosophy of Public Policy*. Norfolk: Teagle & Little, 1977.

VERESSAYEV, V. *The memoirs of a physician*. New York: Alfred Knopf, 1916.

VILLAS-BÔAS, Maria Elisa. *Da eutanásia ao prolongamento artificial*. Aspectos polêmicos da disciplina jurídico penal do fim de vida. Rio de Janeiro: Forense, 2005.

VOVELLE, Michel. *La mort et l'Occident de 1300 à nos jours*. Paris: Gallimard, 1983.

WHELAN, Jean C. Examining Tuskegee: the infamous syphilis study and its legacy. *Nursing History Review*. v. 19, p. 234-239, 2011.

WHITE, R. M. The Tuskegee syphilis study. *Hastings Center Report*. v. 32, n. 6, p. 4-8, 2002.

ZAPPAROLI, G. C. Orthotanasia. In: ZAPPAROLI, G.C.; SEGRE, E. Adler. *Vivere e morire. Um modelo d'intervento com i malati terminali*. Milão: Feltrinelli, 1997

ZIBECHI, Raúl. *Descolonizar el pensamiento crítico y las prácticas emancipatórias*. Bogotá: Ediciones Aesde Abajo, 2015.

ZUCCARO, Cataldo. *Il morire umano*. Un invito alla teologia morale. Brescia: Queriniana, 2002.

EPÍLOGO: SOBRE NÃO MORRER DEMAIS – UM DEPOIMENTO PESSOAL ACERCA DA ORTOTANÁSIA

No ano de 1991, minha família e eu começamos uma longa luta em busca do diagnóstico que explicasse a crescente perda de movimentos das mãos e dos pés que comecei a vivenciar aos 3 anos de idade. Após muito pesquisar, finalmente fechou-se o diagnóstico: polirradiculoneurite desmielinizante crônica.

Diversas foram as intervenções tentadas com o intuito de impedir o avanço da doença, em especial a desmielinização dos nervos e a consequente paralisação dos membros, mas nenhuma mostrou-se especialmente eficiente à época.

A doença agravou-se no período dos 2,5 anos seguintes, deixando-me na condição de não mais sustentar o tronco, não movimentar membros, não ter força para mastigar e quase sem força para deglutir – em decorrência disso, os músculos atrofiaram. A dor era intensa em todo o corpo. Diante da falta de perspectiva, meus pais autorizaram investigações mais agressivas, que incluíam doses de medicamentos muito acima da recomendada a uma criança e até mesmo remédios que sequer eram fabricados.

No intervalo destes anos de tentativas, enquanto a ampulheta da vida escoava cada vez mais rapidamente, a esperança de todos lutou para permanecer viva, resistente e disponível para recomeçar dia após dia – quando não se sabe a saída, toda estrada parece ser um beco sem fim... Numa dessas ocasiões, foi dito à minha mãe que eu estaria vivo ainda apenas pelo amor e fé que ela depositava em mim, mas que isso estaria sendo ruim pois tanto ela quanto eu sofríamos, e que ela deveria abrir mão de insistir tanto. A resposta dela, que mal terminou o ensino fundamental, foi repleta da sabedoria dos anos e que os diplomas não ensinam: *a ovelha não sente o peso da lã.*

Quando os músculos responsáveis pela respiração começaram a ser afetados, em especial o diafragma, o corpo clínico responsável por meus cuidados decidiu não mais seguir com as tentativas de intervenção clínica, e juntamente com meus pais optaram por me colocar em cuidados paliativos, permitindo que eu fosse para casa desfrutar o que restaria de infância a ser vivida junto com a família.

A alegria de sair do hospital no colo de meus pais e poder ir para casa foi tamanha que consigo lembrar com clareza o momento que saí do hospital para ficar com minha família constantemente, embora nada soubesse acerca do meu estado de saúde.

Este relato é para registrar o depoimento da qualidade de vida emocional que uma mudança na intervenção clínica causa em um paciente terminal. Em vez do isolamento parcial e solitário de um ambiente que não é o lugar do paciente, o acolhimento da casa, rodeado por todos aqueles que se amava – inclusive, no caso da criança que fui, a cachorrinha que tínhamos, a Chiquita.

As melhores lembranças que tenho dessa etapa da infância são registradas pela alegria da saída do hospital e do retorno à convivência familiar. A ortotanásia e os cuidados paliativos representaram profunda qualidade de vida para o pouco tempo de vida que me era reservado, e por isso não podem ser vistos como outra coisa senão aceitar que viver humanamente implica em morrer humanamente.

O que importa deste depoimento ao estudo que consta na obra é a importância que foi a ortotanásia nesse processo de adoecimento e morte. Posteriormente, por motivos desconhecidos à época e até hoje (razão pela qual o corpo clínico e meus pais atribuíram como um milagre), numa noite em que meu pai fazia um dos procedimentos fisioterápicos para ajudar a respiração que se tornava cada vez mais fraca e insuficiente, senti "minhas pernas crescendo" e, pela primeira vez em vários anos, mexi o dedão do pé. Mais alguns momentos retomando a sensibilidade e consciência da perna, disse ao meu pai "pode deixar que agora eu faço sozinho", e comecei a replicar o movimento que ele estava coordenando em mim. O mesmo aconteceu com as mãos e braços, retomando o movimento de todo o corpo, embora ainda sem musculatura estruturada e coordenação motora.

Não há qualquer sinal nos nervos do processo desmielinizante que aconteceu até 1994, conforme comprovado em exames realizados em 2014. As intervenções realizadas como ato médico, após o protocolo

Henderson Fürst

NO (CON)FIM DA VIDA

convencional não ter funcionado, causaram retardo mental constatado à época pela dificuldade na formulação de frases e na transmissão de ideias. Como "a ovelha não sente o peso da lã", meus pais não desistiram de estimular também na alfabetização, e seus esforços foram fundamentais para também superar isso.

Originalmente, na tese que originou este livro, o relato quanto à minha experiência extermina no parágrafo anterior. Acredito que seja suficiente para demonstrar a humanização do morrer a todos os personagens envolvidos. Todavia, por incentivo da professora Vera Zaher, durante a banca em que foi defendida essa tese, irei um pouco mais adiante no relato.

Talvez o leitor tenha estranhado a menção a novos exames em 2014 que demonstraram não ter nenhum ruído do processo de desmielinização que sofri na infância. Pois é. Tudo ia bem, quando a vida ruiu outra vez.

Após entrar na curva normal de aprendizagem, retomei a vida quase que normalmente. Trilhas, musculação, tênis, banda de rock, poesia, paixões e amizades são algumas das marcas de quem viveu intensamente a adolescência em busca do tempo perdido. Esse ritmo marcou também a vida de jovem adulto, o início da faculdade, o começo da vida profissional.

Estava num excelente momento pessoal, profissional e acadêmico – já tinha iniciado o doutorado em Bioética que deu origem a essa tese, por exemplo – quando num belo dia cheguei em casa e, tirando os sapatos, não senti o chão. Embora a expressão usualmente seja utilizado num sentido conotativo de quem está feliz, uso aqui no sentido denotativo. Não senti o chão. Ao amanhecer, as mãos tinham pouca força e as pernas tinham alguma dificuldade para ficar de pé.

Ali nascia uma nova realidade: não saber como se acordará, a despeito do tempo de repouso da noite anterior. E a perda de movimentos passou a oscilar chegando à completa paralização do corpo, acompanhada de dores crônicas em todas as articulações.

As limitações avançaram a ponto de impedir a rotina. Foi necessário trancar o doutorado, algo que me entristeceu muito à época, pois era um claro sinal de que a doença, ainda desconhecida, estava me vencendo rapidamente e me impedindo de fazer as coisas que eu mais gostava. Nesta mesma época comecei a perder a capacidade de tocar a flauta transversal, que aprendi na infância com meu irmão como parte dos estímulos familiares para ajudar no fortalecimento da respiração e melhoria da capacidade cognitiva. Também perdi agilidade na mão para tocar piano. Não conseguia mais ficar de pé muito tempo, subir escadas, andar distâncias médias, abrir embalagens, suspender o braço para pentear o cabelo, escovar os dentes ou barbear...

Após um ano, finalmente fechou-se o diagnóstico: encefalomielite miálgica, uma doença tão desconhecida quanto estigmatizada. Foi difícil demonstrar que não se trata de uma doença psicossomática, que não estava deprimido – ou melhor, que a depressão era uma consequência da doença, e não uma causa dela.

Com muitas adaptações, a vida seguiu-se de uma forma diferente do rumo que o barco navegava. Uma vida marcada por limitações, dores crônicas e incertezas – a incerteza de não saber como se acordará amanhã, por quanto tempo se continuará a movimentar, qual a perspectiva de qualidade de vida futura... Refiz todos os meus planos, re-projetei a vida – e ainda revejo meus planos de tanto em tanto para adaptar às novas condições que surgem.

É neste contexto que aprendi um novo mote para a vida: *não morrer demais*. O tempo todo temos (e tenho) motivos para morrer mais do que o necessário para aquele dia; a função da vida e suas paixões é saber dosar e evitar que se morra mais que o necessário, embora dizer isso seja mais fácil que viver na prática.

Alguns anos já se passaram desde que essa nova luta começou, e eu já deveria estar acostumado a viver com a doença, mas as dores crônicas lembram, a cada momento, que o sofrimento está ali para ser vencido. E nem sempre ele é.

Após muitos médicos e exames, atualmente tento tratamentos experimentais para melhorar a qualidade de vida – e alguns foram cruciais para retomar o doutorado e escrever a tese que deu origem a esse livro, e por isso gostaria de agradecer nominalmente ao Dr. William Brunelli, meu médico e meu amigo.

A vida segue como se a ampulheta do tempo tivesse caído, quebrado e desregulado a passagem da areia. Semanas após a defesa da tese, alguns médicos (desses famosos em quem depositamos expectativas de alguma solução quase mágica) que tiveram contato com meu caso, exames e evolução do quadro, deram-me a notícia de que terei mais alguns anos de vida. Todos nós teremos mais alguns anos de vida, mas, no meu caso, isso aparentemente significa *alguns anos* mesmo.

NO (CON)FIM DA VIDA

Embora a imagem de uma chama acesa em candelabro com óleo acabando seja a metáfora ideal para expressar como me sinto desde que tudo começou, não acho que terei os poucos anos profetizados.

Talvez seja essa notícia que me incentivou a publicar a tese no formato de livro – algo que antes não pretendia. E algumas outras decisões precisam ser tomadas, pois, se for isso mesmo, que eu viva apaixonadamente de tal forma que, se fosse condenado a viver infinitamente essa mesma história, eu encare cada recomeço com o mesmo sorriso que provavelmente dei a Deus quando me disse que era tempo de vir pela primeira vez viver essa história.

E, se você leu até aqui e entendeu que, para quem vive apenas uma vez estamos morrendo demais, já me valeu a pena ter lutado até aqui.

POSFÁCIO:
SOBERANA CRUELDADE

A obra que vem a lume é o resultado de uma pesquisa séria e profícua. Ocorre-me que sua construção se deu sob a base de muita leitura e dedicação na escrita, mas também como um *testemunho*. Seu autor representa uma noção do humano que dificilmente se encontra nos dias de hoje, porque experienciar o testemunho que está no fundo deste trabalho é uma experiência enriquecedora de vida. Este será o tom do meu texto: minhas impressões sobre essa experiência.

Uma das questões que mais me instigaram na leitura do livro foi a referência a uma revista científica alemã muito interessante intitulada *Kosmos*, que publicou em 1927 o famoso artigo de Fritz Jahr em que é cunhada, pela primeira vez, a palavra "bioética". O texto foi intitulado *Bio-Ethik: eine Umschau über die Beziehungen des Menschen zu Tier und Pflanze*,[69] que em português significa "Bio-ética: uma visão das relações éticas dos homens com os animais e plantas".

O referido artigo, construído basicamente no formato de um verbete, em seu início aponta que a clara distinção entre animal e ser humano, predominante na cultura europeia até fim do século XVIII, não pode mais ser mantida. Na perspectiva crítica sobre o papel das ciências naturais ante a seus estudos imparciais sobre o mundo, a "busca da verdade" foi projetada para o campo dos experimentos com animais, exames de sangue, sorologia e outros, fato que, em contrapartida, não deixa negar que os triunfos científicos do espírito humano infringiram precisamente a

---

69   JAHR, Fritz. Bio-Ethik: eine Umschau über die Beziehungen des Menschen zu Tier und Pflanze. *Kosmos: Handweiser für Naturfreunde*, Gesellschaft der Naturfreunde, Stuttgart, n. 24, p. 2-4,1927.

posição dominante do indivíduo no mundo em geral. A própria filosofia que estabelecia as principais ideias para as ciências naturais passa, então, a elaborar seus sistemas com base nos conhecimentos específicos dessas ciências. Fritz Jahr mostra que dessa revolução o que resultou, em primeiro lugar, foi a equiparação fundamental (*grundsätzliche Gleichstellung*) entre homens e animais como objeto de estudo da psicologia.[70] A psicologia passa a não se restringir aos seres humanos ao aplicar os mesmos métodos para os animais – a ponto de se chegar a esboçar comparações entre a alma humana e a alma animal –, algo que se estende também para um estudo da psicologia das plantas; isso mostra que a pesquisa da então psicologia moderna abrangia o estudo de todos os seres vivos, chegando ao ponto de se falar, como consequência direta, nas pesquisas de Robert Eisler, numa Bio-psiquê – Bio-psicologia – como o estudo da alma de todos os seres vivos.

Dessa forma, da Bio-psicologia para a Bioética basta um movimento no sentido de se propor e defender a aceitação de compromissos éticos não só em relação ao ser humano, mas em relação a todos os seres vivos. Nesse trilho, Jahr afima que a Bioética não é uma descoberta atual, sendo um exemplo fascinante do passado a figura de São Francisco de Assis, com o seu grande amor também com os animais, antecipando-se, portanto, em séculos ao entusiasmo de Rousseau pela natureza, sem esquecer da figura também de Paulo, apóstolo com seu amor pelos seres vivos.[71]

Num pontual desenvolvimento histórico, passando inclusive por apontamentos orientais sobre a yoga, Buda e retomando o desenvolvimento do pensamento hermenêutico teológico-filosófico germânico, Jahr finaliza o texto fazendo um chamamento de compromisso, a saber, o de fazer valer como norma para nosso agir o seguinte desafio (imperativo) bioético: *respeite cada ser vivo, em princípio, como um fim em si mesmo, e, se possível, trate-o como tal.*[72]

---

70 JAHR, Fritz. Bio-Ethik: eine Umschau über die Beziehungen des Menschen zu Tier und Pflanze. *Kosmos: Handweiser für Naturfreunde*, Gesellschaft der Naturfreunde, Stuttgart, n. 24, p. 2, 1927.

71 JAHR, Fritz. Bio-Ethik: eine Umschau über die Beziehungen des Menschen zu Tier und Pflanze. *Kosmos: Handweiser für Naturfreunde*, Gesellschaft der Naturfreunde, Stuttgart, n. 24, p. 3, 1927.

72 JAHR, Fritz. Bio-Ethik: eine Umschau über die Beziehungen des Menschen zu Tier und Pflanze. *Kosmos: Handweiser für Naturfreunde*, Gesellschaft der Naturfreunde, Stuttgart, n. 24, p. 4, 1927.

Esse resgate do termo Bioética revela algumas profundas sendas a serem desenvolvidas; uma das que nos parece, oportunamente mais interessante, pelo contexto atual da discussão da Bioética em nossa época, é a urgente tarefa de refletir sobre o humano, por justamente a nossa época se apresentar como um tempo histórico no qual a expansão planetária da tecnologia nos ameaça. Essa parece ser uma extensão profícua para uma discussão dos *usos* e *formas* da vida humana e seu atrelamento a uma racionalidade violenta que encaminha de maneira disciplinar, calculista e notarial – de um total empresariamento de si –, cada vez mais, uma despedida do humano. Isto reforça a fundamentalidade de nos voltarmos para aquilo que nos acomete de forma irredutível, e esse percurso tem um lugar privilegiado de discussão, a saber, o da psicanálise nas fronteiras da genealogia do sujeito moderno.

(IN)DECISÃO SOBERANA E CRUELDADE

Um insistente empenho nessa reflexão traz à mente algumas questões fundamentais e aquela que, a nós, parece melhor propiciar a fundação dessa outra relação é a problemática em torno da crueldade (psíquica) e da soberania, algo que coloca em cena, propriamente, o método psicanalítico, pois na retomada da possível – e sistemática – aproximação do pensamento de Nietzsche e Freud, e o que decorre dela, não podemos deixar de destacar o modo como Freud, com a psicanálise, desenvolve uma idêntica crítica da limitação da psicologia clássica.[73] Ambos autores, cada um a seu modo, se envergam para lidar com o tema da crueldade e sua difícil delimitação: enquanto Nietzsche reconhece na crueldade algo sem-fim e sem contrário (sem termo oponível), Freud, tão próximo de Nietzsche, como sempre, entende que a crueldade até poderia ser sem termo, mas não sem contrário.[74]

Na verdade, à crueldade e à soberania temos sempre respondido, sem, verdadeiramente, poder responder. *Tanto* a crueldade *quanto* a soberania permanecem resistindo à psicanálise *tanto quanto* esta também lhes resiste. E no limiar dessa resistência há uma fronteira na qual se encontra contida

---

73 Cf. FREUD, Sigmund. *A interpretação dos sonhos*. São Paulo: Imago, 2006.

74 Significativo sobre essa investigação a obra *Para genealogia da moral* de Nietzsche e a interessante troca de cartas entre Einstein e Freud. Cf.: EINSTEIN, Albert; FREUD, Sigmund. *Um diálogo entre Einstein e Freud: por que a guerra?* Santa Maria: FADISMA, 2005.

toda uma carga ética, histórica, antropológica, jurídica ou política, que nos constitui.

Se na pergunta sobre a existência de alguma coisa de irredutível no ser humano – algo que toca diretamente na questão da animalidade – se tem como possível resposta que essa coisa irredutível na vida do vivente é a possibilidade da crueldade, e ou pulsão (*Trieb*) do mal pelo mal, do sofrimento que joga o jogo do gozo de sofrer de um fazer sofrer ou de um fazer-se sofrer pelo prazer, nenhum discurso destes que estamos habituados a ver no desenvolvimento do pensamento humano pela via do metafísico, teológico, cognitivista, genético etc., dá conta realmente de colocar a questão, fazendo, pelo contrário, que esta seja reduzida, privada e até excluída de sentido. O discurso mais potente que pode reivindicar a gênese (causa) da crueldade psíquica como assunto próprio é a psicanálise – e isto de algum modo já tem se exigido dela há algum tempo, mas o olhar na perspectiva dessa uma outra relação com a filosofia parece pôr mais a fundo essa questão, de modo mais próprio, criando a espécie de um *sem álibi* teológico ou outro que se volte para o que crueldade psíquica tem de mais própria.[75]

Em sua já aludida crítica à psicologia clássica, a psicanálise opõe-se notadamente a um modelo de ciência positiva, cognitivista, psicofarmológica e também ao academismo de uma hermenêutica espiritualista, religiosa ou de uma singelamente filosófica, e como tudo isso não se exclui, por ela – na remição de sua crítica originária, como ocorre com a filosofia de vida nietzscheana e, de algum modo, com a crítica subjetivista da fenomenologia – pode-se propor uma oposição contra todas as instituições, conceitos e práticas arcaicas do ético, do jurídico e político, tudo o que resta dominado por uma certa lógica – uma metafísica ontoteológica – da soberania enquanto representativa da autonomia e onipotência da pessoa, individual ou estatal, da liberdade, vontade egóica, intencionalidade consciente, do próprio eu, do supereu etc. Pela psicanálise pode-se acessar a sua explicação, dando conta de sua inelutabilidade e descontruindo sua investigação histórico sincrônica. Referimo-nos aqui a uma psicanálise e a uma filosofia não presas no mundo e nas comunidades analíticas que ainda não conseguiram superar esses modelos positivistas ou espiritualistas. Os axiomas da ética, do direito e da política não afloram pela via dessa desconstrução e parecem que ainda vão *resistir* a isto, já que

---

75 DERRIDA, Jacques. *Estados-da-alma da psicanálise:* o impossível para além da soberana crueldade. São Paulo: Escuta, 2001.

NO (CON)FIM DA VIDA

eles são feitos para essa resistência (*Widerstand*), chamada por Derrida de "resistência fundamental", sendo nossa tarefa aqui, explorando a psicanálise – e a filosofia–, resistir a esta resistência, o que nos levará a discutir que essa resistência pode se tornar uma resistência a si própria, um mal, uma função autoimunitária na psicanálise e na filosofia, uma rejeição de si, uma resistência a si ao seu próprio principado de proteção: uma própria lógica soberana cruel.[76]

Nessa medida, é preciso compreender que a psicanálise precisa empreender sua tarefa originária e, portanto, penetrar nos axiomas da ética, do jurídico e do político, nos lugares em que insiste o fantasma teológico da soberania e donde decorrem as experiências mais cruéis desses tempos. A investigação da "nova cena" estruturada desde a Segunda Guerra Mundial por enunciados jurídico inéditos e das "mitologias" sobre as quais Freud fala – em particular a mitologia psicanalítica das pulsões, as quais são ligadas às ficções convencionais –, revela a ideia de uma autoridade autorizada por atos performativos, como, por exemplo, a Declaração de Direitos do Homem, a cidadania e a luta crescente contra os vestígios dos castigos cruéis que representam o melhor emblema do poder soberano do Estado sobre a vida e a morte do cidadão.

Exatamente nesses meandros que o conceito de crueldade pede análises indispensáveis para as quais devemos nos voltar e essa é, para mim, uma das possibilidades que a leitura dessa obra remete.

É indiscutível que atualmente somos parte de uma sociedade hedonista incapaz de viver autenticamente o sofrimento ou o tédio. Sofremos da impossibilidade de sofrer. Passar a maior parte do tempo sobre o efeito entorpecente de narcóticos que aliviem em nós a possibilidade de confrontar a dimensão de nosso vazio é uma das marcas características deste tempo.

A humanização da natureza e a humanização da sociedade são construídas pelo fato de que obedecer às leis da natureza é a melhor forma de dominá-la (Bacon) e que o conhecimento científico não é o resultado de uma explicação, mas o domínio da natureza interna e externa (Descartes), ou seja, a questão principal que entre saber e poder não existe uma diferenciação, o importa é a fuga obstinada do medo. Tudo isto ratificado

---

76 DERRIDA, Jacques. *Estados-da-alma da psicanálise*: o impossível para além da soberana crueldade. São Paulo: Escuta, 2001, e DERRIDA, Jacques. *Força de lei*: o fundamento místico da autoridade. Tradução de Leyla Perrone-Moisés. São Paulo: Martins fontes, 2007. p. 72.

pelos maduros frutos do esclarecimento que, em Kant, verifica-se como o tempo da maturidade coincide com o progresso da técnica e da ciência.

A grande questão é que nem pela ciência vamos obter uma satisfação integral para a dissipação de todo o mistério. Não é por acaso que no iluminismo encontra-se um otimismo fundamentado, a ideia composta da crença, da fé de que o racional dominaria o exterior e o interior, em outras palavras, garantiria a fuga do medo.

Temos visto que o desenvolvimento da história do ocidente, desde a Iluminação, foi uma espécie de revelação de que este otimismo é um artigo de fé, crença. Tal realidade está visível nos diversos episódios históricos de reversão deste otimismo no seu contrário, ou seja, na incapacidade de resolver os macroproblemas, os homens geram problemas ainda maiores, proporcionando formas cada vez mais atrozes de barbárie no cometimento da vida.

Todo processo da protocivilização à civilização atual nos relega a atávica percepção de que somos bem treinados a temer, e o temer é uma de nossas forças motivacionais mais fortes. No fundo, tudo não passa de que a raiz de nosso medo advém de nossa relação com o tempo, ou seja, com a nossa própria morte.[77] Enquanto o homem é incapaz de assumir a

---

77 Uma interessante referência filosófica, ambientada em Heidegger, sobre este tema pode ser encontrada no pensamento de Giorgio Agamben, começando com uma frase do filósofo alemão: "A relação essencial entre morte e linguagem surge como num relâmpago, mas permanece impensada. [...] Na tradição da filosofia ocidental, com efeito, o homem figura como mortal e, ao mesmo tempo, como o falante. Ele é o animal que possui a "faculdade" da linguagem [...] e o animal que possui a faculdade da "morte". Cf.: AGAMBEN, Giorgio. *A linguagem e a morte*: um seminário sobre o lugar da negatividade. Belo Horizonte: Editora UFMG, 2006. p. 9-10. O texto de Heidegger sobre o assunto é intitulado *Essência da linguagem* (*Unterwegs zur Sprache*) e faz parte de uma coletânea denominada *A caminho da linguagem*. Assim expressa o texto de Heidegger sobre o tema indicado: "Mortais são aqueles que podem fazer a experiência da morte como morte. O animal não é capaz dessa experiência. O animal também não sabe falar. A relação essencial entre a morte e a linguagem lampeja, não obstante ainda de maneira impensada. Essa relação pode, contudo, nos dar um aceno para o modo em que a essência da linguagem nos intima e alcança e, com isso, nos sustenta, se é que a morte faz parte do que nos intima. Admitindo-se que o encaminhamento que sustenta os quatro campos de mundo na proximidade própria de seu encontro face a face repouse na saga do dizer, então é também a saga do dizer que confere o que designamos com a palavrinha "é", assim

finitude de forma positiva acaba inventando todas as formas de consolo, religião e metafísica.

O medo que nos resta, ainda, talvez seja, sobretudo, em face dos atuais acontecimentos vivenciados em sociedade, e por uma ilógica de imunização que consome paradoxalmente as relações humanas em todos os sentidos.

Ademais, mesmo na não manutenção de figuras de transcendência, tornamos-nos responsáveis por nós mesmos de tal forma que tudo isto identifica minimamente que a relação do homem com o tempo e com a finitude precisa ser repensada, é tempo de brincarmos, fazermos troça, destas estruturas de captura da nossa violenta racionalidade, que reverberam e sustentam, dentre outras falácias, um modo propriamente violento que impõe o dualismo entre homem e animal e, portanto, daquelas *formas* – filosóficas, teológicas, jurídico-políticas e psicológicas – que impõem uma metodologia do aprisionamento de si e dos outros.

HENRIQUE GARBELLINI CARNIO

Doutor e mestre em Filosofia do Direito e Teoria do Estado pela PUC-SP. Pós-doutor em Filosofia pela UNICAMP, professor do Núcleo de Filosofia e Teoria Geral do Direito do Mackenzie e do Programa de Mestrado e Doutorado da FADISP.

---

correspondendo-lhe. Em sua saga, o dizer concede o "é" na liberdade clara e ao mesmo tempo velada de sua possibilidade de ser pensada". HEIDEGGER, Martin. *A caminho da linguagem*. Petrópolis: Vozes, 2003. p. 170-171.